10倍株

いま仕込んでおくべき

教えます！

朝香友博

CrossMedia Publishing

はじめに　初公開となる10倍株の新法則と厳選銘柄10選

こんにちは。産業・成長企業アナリスト、投資家の朝香友博です。

私は5年で9つの10倍株に巡り会うことができました。この本では、私が巡り会った10倍株を分析して導き出された、本書で初公開となる「新しい10倍株の法則」と、それに基づいて新たに発掘した10倍株の候補銘柄10選を紹介し、併せてそれを見つけるコツや具体的な売買法もお伝えしたいと思います。

この本から得られるもの

・夢のある10倍株投資法
・誰でも真似できる「10倍上がる成長株」を見つける5つの視点と15のポイント
・人工知能・IoTなど最新トレンドとそのテーマ関連銘柄の見つけ方

・株をいつ買って、いつ売ればいいのか、その具体的なタイミング
・日本人として日本の将来を担う会社を応援し、その株で豊かになる喜びと楽しみ

10倍株の法則がパワーアップ！

２０１３年に日本初となる10倍株の発掘法を書いた『【テンバガー】10倍株で勝つ』を著してから3年の月日が流れ、その間に手にした10倍株が倍増しました。

そして、これまで10倍株を獲得した企業の財務情報を比べてみて、新たな発見が多く生まれたため、「10倍株の新法則」としてまとめました。その根拠の大部分になったアベノミクス相場の実績一例が左ページ図0-1になります。ぜひ本書で大化け株発掘のヒントを学んでみてください。

❏ 0-1　アベノミクス相場「私の大化け株」

評価	倍率	銘柄名
◎	**32 倍**	**MonoraRo**
◎	**23 倍**	**アドウェイズ**
◎	**14 倍**	**JAC リクルートメント**
◎	**11 倍**	**アンドール**
◎	**10 倍**	**瑞光**
◎	**10 倍**	**いちごグループ HD**
◎	**10 倍**	**ファンコミュニケーションズ**
◎	**10 倍**	**ラクーン**
◎	**10 倍**	**リロ HD**
◎	**10 倍**	**ベクトル**
○	8 倍	ビジョン
○	7.5 倍	アドソル日進
○	7.2 倍	シュッピン
○	5.5 倍	テンポスバスターズ
○	5 倍	ファーストリテイリング
○	5 倍	村田製作所
○	4.8 倍	エーアイティー
○	4.2 倍	イーレックス
○	4 倍	江崎グリコ
○	4 倍	シーティーエス
○	4 倍	イー・ガーディアン
○	3.8 倍	エボラブルアジア
○	3.7 倍	ひらまつ
○	3.3 倍	ユニ・チャーム
○	3.3 倍	くらコーポレーション
○	3 倍	寿スピリッツ
○	3 倍	物語コーポレーション
○	3 倍	豆蔵 HD
○	2.7 倍	ハイデイ日高
○	2.5 倍	トランコム

…and more

この本を特に活用して頂きたい方

・多少のリスクをおかしてでも、大きなリターンを得たいという人
・「小さな利益」と「大きな損」を短期で繰り返して損をしている人
・株価過熱でついついなんとなく高値掴みをしてしまう人
・株価急落で慌てて投げ売りしてしまう人
・応援する企業が社会の発展に役立ち、その成長の果実としてお金儲けをしたい人

この本の構成

第1章は、トランプ大統領就任後の株式相場の展望についてご紹介しています。実際に私が趣味程度に綴っておりますブログ『大化け株投資のすすめ』にて、10月上旬にはアベノミクス第3弾の上昇相場を指摘していました。その後、トランプ氏の当選で相場は急騰することとなりましたが、改めて不透明感の強い2017年の相場観を綴りたいと思います。

そして、「楽観」「世間的な一般」「悲観」の3つのシナリオに触れたうえで、2017年元旦の時点では、2018年以降の日経平均3万円（楽観シナリオ）もあ

りうるというスタンスと根拠を示します。

第2章は、全体相場がプチバブルのような上昇が続いていくという前提のもとで、10倍株を一から発掘すべく探した結果、選りすぐりの10選を掲載しています。この根拠となったのが、初公開の10倍株の新法則によるもので、私もまだなじみのない小型株がズラッと並びました。ここからドリームジャンボ・テンバガーが生まれることを期待したいものです。

第3章では、10倍株の具体的な見つけ方を「ファンダメンタル（業績・財務）」と「テーマ」の2つの視点から具体的にご提案しています。特に、ファンダメンタルに基づく発掘アプローチに関しては、先に述べた拙著に比べて、より密度が濃くパワーアップいたしました。

一例をあげると、「投資先社員の平均年収が全上場企業の平均年収よりも低い会社が10倍株になる」など、独自の視点を、エビデンスに基づき検証しています。この本の読者の方は、それをいち早く習得できるチャンスです。

第4章には、株式投資のやり方を収録しました。いわゆる株をいつ・どのように買って、いつ・どのように売るかという売買に関しての方法論をまとめています。内容を初心者向けの初級編と上級者向けの上級編に分けることで、できるだけ多くの人に活用していただけるように工夫いたしました。

そして、巻末には第3章にてご紹介したテーマの注目25銘柄を付録として収録しましたので、第2章の10選では物足りない人や、ある程度の時価総額の銘柄を買いたい人にご活用いただければ幸いです。

最後に、この本を手にしていただいたあなたの投資が成功できますことを心より願っております。

初日の出に日本株の上昇を祈願した2017年元旦

産業・成長企業アナリスト　朝香友博

いま仕込んでおくべき10倍株、教えます!　目次

第1章　2017年以降は、こうなる!

第2章
いま仕込んでおくべき10倍株10選

第3章 今日からできる10倍株の見つけ方

第4章

安く買って高く売る10倍株投資のやり方

本書は情報提供を目的としており、投資その他の勧誘を目的で作成したものではありません。銘柄の選択・売買等の投資の最終決定並びに本書の活用はご自身の判断と責任にて行ってください。本資料の情報源は私が信頼できると判断したものですが、その確実性を保証したものではありません。

また、本書に関するご質問・ご照会にはお答え致しかねますので予めご了承ください。

第1章

2017年以降は、こうなる！

トランプ大統領就任で今後も株の上昇は続くのか？

答えは、もちろんYES！

そうでなければ、リーマン・ショック以降にアベノミクスで長期的な上昇がすでに生じた相場で、こんなタイトルの本は書きません。

すでに私のブログ「大化け株投資のすすめ」にて２０１６年10月からアベノミクス上昇第３弾の指摘をし、11月のドナルド・トランプ氏の当選前から上昇相場は始まりつつありました。そして、みなさまご存じの通り、トランプ氏の勝利で日米ともにリスクオンの急騰相場となったわけです。

２０１７年の大発会はこの流れを継続し、初日から昨年来高値を更新するという素晴らしいスタートをきった日本株市場。１月４日に発表された米12月のＩＳＭ製造業景況感指数は2年ぶりの高水準で、新規受注も大きく伸びていい数字でした。

さらには16年後半から減速傾向のあった米新車販売まで12月に大幅増に転じたことも判明し、ダウも3ケタの上昇で終えました。このような経済指標の好調加速をみて、今後もこの流れは続く、そう判断してこの本を出すことを決めたのでした。

もっとも、年明け以降の相場は一旦膠着しており、どちらかといえば「トランプ大統領による先行き不透明のリスク」がメディアでも強調されています。

しかし、われわれが忘れてはならないことが2つあります。

1つは、マスメディアの報道はイギリスのブレグジットの事前予想もそうだったように当てにならないということ。

そしてもう1つは、オバマ野党大統領がホワイトハウスを去り、巷で問題視されているトランプ氏と共和党の対立はオバマ対共和党のねじれ対立よりもましだということ。共和党の掲げる法人減税が実行されるだけでも米景気と国際競争力を押し上げ、**中長期的な米経済の向上が日本株にもプラスになる**と私は見ています。

ＦＲＢ1年ぶりの利上げ！
イエレン議長の明るい経済見通し

ＦＲＢは２０１６年12月15日、２度目の利上げを実施しました。しかし、これは想定内のことでしたが、嬉しい想定外が起きたのです。

それは、17年の利上げ見通しを２回から３回に引き上げたことです。同日行われたイエレン議長の記者会見によれば、失業率が低下したことなどを踏まえて、米国経済のことを次のように言い切りました。

「我々が今日利上げに踏み切ったのは景気の現状に自信があり、今後も拡大を続け、景気は底堅いと確信していることを反映したものだ」

私は２０１５年末の利上げの記者会見を受けて、２００６年の日銀のような利上げの失敗を想定し、リスクポジションを50％解消させたことがありますが、今回の利上げと利上げ回数の増加を高く評価しています。

日本株は2004年から米国の利上げで円安が進む中、FRBが景気を少し元気にさせていかねばと2007年に利下げに転じるまで上昇基調で推移しました。今回も米国の政策金利が2％程度に回復するまで日本株の上昇基調が続いていくのではと感じているのです。

同日の記者会見でイエレン議長が取り上げた唯一と言っていいファンダメンタルの懸念材料として、米国の弱い設備投資を指摘しました。

しかし、これも最新の米12月フィラデルフィア連銀製造業景況指数は予想を上回り21・5となり、予想を10以上大きく上回っただけでなく、6カ月先の設備投資も相当強い数字が出てきました。さらには、米フォードのようにメキシコでの工場設備投資を中止し、米国内で設備投資をする動きも出てきていて、イエレン議長の残る懸念点は、「トランプ氏の政策実施の不透明感」くらいになっているのが現状です。

さらに、2017年1月4日に公開されたFOMC議事録の文言に私は驚きました。

そこには「景気の上振れリスク」という文言があったのです。

国の中央銀行は適度な持続的成長可能な物価上昇（インフレ）と安定した雇用のためにあらゆる金融手段を駆使して社会の発展と安定を図っています。ですから、トランプ政権による過度な減税、規制緩和、財政政策は、物価の上昇やバブルを誘発すると警戒し、リスクという文言を用いました。

しかしながら、投資家の立場から言わせていただくと、この「上振れリスク」、すなわち米国の狂喜乱舞するバブルこそ最も恋い焦がれたシチュエーションなのです。いいですか、私のように博学でない人間ではなく、世界一の経済大国内の経済エリートたちが言っているのです。

「米国がバブルになる（リスクがある）かもしれない」と。

リスク資産に投資をしている者として、これに興奮し、期待しない訳がないでしょう。一般的な経済紙やアナリストは、このような紹介はしないと思います。しかし、私や私と交友のある世界中の投資家たちの間では、この議事要旨を見て、「ついにFRBの半数の参加者が米国のバブルリスクを認めたぞ。今がそのリスクが現実になる時に売るための最後の仕込み時だ」と新年から盛り上がったのです。

第4章に掲載している偉人の名言にもありますが、世界一の投資家であるバフェットも「愚かさに参加するのではなく、愚かさから利益を得る人々の一員になれ」と教えているように、われわれはこの米国で始まった熱狂・バブルに売りをぶつけて稼ぐつもりだからです。

もっとも、まだこの米国発の世界経済のバブル物語は幕開けしたばかりです。ブログにて既述済みですが、私は16年10月以降、まだ1ミリも日本株の投資ポジションを売っていません（別途、思惑投機を除く）。

そして、中期的にはアベノミクス第3弾と、海外投資家に追随したほうが得だと訴え、個人による信用売りにも警笛を鳴らしてきました。日本株は、日経平均2万円までが準備体操だとも思っているためです。ダウ2万ドル台、日経平均も2万円台をつけてから、下げることもあるかもしれませんが、そこが最後の乗っかり場になると見ています。

もちろん、これはトランプリスクが急出現し、それが長期的に継続しない楽観パターンの場合ですが、現在の米中央銀行であるＦＲＢの認識、トランプ政権の政策、ＯＥＣＤの２０１７年世界経済成長率の引き上げ、直近の強い数字が並んだ米ファンダメンタルを見る限り、楽観論でポジションを形成しない訳がないというのが私の見解です。

また、昨年11月からのトランポノミクス相場において大型株しか上がらない時に、

「中小型のお祭りは遅れてくるからむしろ静かな今こそ攻め時！」

と述べてきましたが、周りの値動きに流されない賢明な投資家は、素晴らしい年明けになったのではないでしょうか。私の古参の注目株はおかげさまで軒並みの上昇相

場を演じてくれています。

米国経済がバブルの様相を呈する展開になった場合は、日経平均は21000〜22000円（世間アナリストの主予想）どころでは、その進撃は止まらないでしょう。

そして、2017年1月7日、全世界の投資家が注目した米雇用統計での賃金の伸びが7年半ぶりの上昇となりました。あいにくNYダウは2万ドルの大台まであと37セントと惜しいところで終えてしまいました。これからダウが2万ドルの大台を突破するには、米経済における減税、インフラ財政投資の話が具現化するかどうかが大事になってきます。

私の見立てとしては、まずはトランプ氏と共和党主流派が減税で一致をして米経済にプラスをもたらすと考えています。仮にトランプ氏が選挙中に掲げた法人減税15％が実現せずに、共和党の政策である20％に削減されるだけで、法人税は現行40％から半減します。

オバマ大統領の放置した日本やドイツよりも高い米法人税が下がるだけでも相場の上がるきっかけになり、ダウの2万ドル突破は時間の問題でしょう。

英国のＥＵ離脱×トランプ大統領就任は日本経済にプラス

２０１６年は世間でいう一般の投資のプロの予測は軒並み外れ、英国はブレクジット、米大統領選はトランプ氏の勝利で幕を閉じました。

そして、一般的には1月のトランプ氏の大統領就任以降は期待が剥がれ落ちて、株価が急落するとか、英国に続き、選挙のあるオランダ、フランス、ドイツでの反ＥＵ・保護主義の高まりで株価が急落するなどと言われていますが、私は長期的にむしろその逆だと思っているので、その点について書きたいと思います。

まず､トランプ氏の本業は何だったかみなさんご存知ですよね。そう､不動産王です。もし、私が不動産の会社を経営するならば適度でゆっくりとした金利上昇は容認します。なぜなら、それが、物価の上昇に伴う不動産価格を上昇させてくれるからです。

そして、不動産という業種ほど不況下で倒産会社が続出する業界はなく、彼らは自分たちを追い込んできた増税や財政縮小や政策金利の急上昇を嫌います。だからこそ、トランプ氏は選挙戦で減税、財政出動の大盤振る舞いともいえる政策を打ちだしてきましたし、今後トランプ大統領になっても長年積重ねてきた彼のこのような経験値による思考は容易く変わらないでしょう。

この点を踏まえて、私はひとつの嬉しい「まさか」を期待しています。

順調にトランプ政権による規制緩和、財政政策、インフラ投資が進んだとして、米国の内需が活況に沸き、世界景気が本格的に拡大したとします。ＯＥＣＤも最新の経済見通しで米国の大規模なインフラ投資などで米国の２０１７年における実質成長率見通しをすでに引き上げていて、この点までは想定内でしょう。

そして、前述した米国景気の「上振れリスク」にブレーキをかけようと、ＦＲＢが年内の利上げ見通しを３回から４回に引き上げる局面がやってくる可能性が高くなるでしょう。

しかし、トランプ氏は早急な利上げは良くないと噛みつき、彼が過去に前例のないようなブレーンとして採用したゴールドマンサックスなど、ウォール街出身のブレーンたちもこれに同調します。穏やかな景気・物価安定を求める超インテリ中央銀行関係者と、不動産と投資銀行界あがりのバブル大好き人間の集まりである政権が衝突するのです。

そうなると、**金融政策は利上げ基調ではあるものの、市場はバブルを制止するほどの利上げはないと判断し、上げが上げを呼ぶリスクオン相場になる**と個人的にはイメージをしています。


次に反ＥＵや保護主義でのリスクオフに関する私の意見です。

トランプ氏の「米国ファースト」政策と姿勢は本気です。トヨタのメキシコ投資を批判したことからもわかるように、貿易も保護主義的なものになり、そしてそれでも上げていく米経済がＥＵの反ＥＵ派、保護主義派の勢力を拡大させていくでしょう。

しかし、これは本当に良くないことでしょうか。

私はそうは思いません。

世界の格差問題が社会問題になっていますが、私は経済のグローバル化こそがこの格差社会を作りだしたと考えているためです。大企業の経営者たちは工場のある国の人件費が上がるたびに、その工場を次の人件費の安い国へ、安い国へと移してきました。この流れの中で海外事業を行う一部の大企業は富を蓄え、中途半端に中間層になった国内の零細事業者との所得格差が先進国で広がりました。

ところが、米国やヨーロッパや日本が自国の保護主義政策に傾斜すれば、自国内の中小零細企業や社員が潤います。長期的に大企業の国際競争力を削ぐかもしれませんが、短期的にはトランプ氏の保護主義や2国間FTAの通商政策に対応できた先進国の国内消費市場に大きな活況と恩恵を与えるでしょう。

さらに、世界平和の観点からもEUという統一市場よりも、各国バラバラの個性を尊重する時代に戻ることは、イスラム国のような異分子の暴走をむしろ生じにくくする効果もあるのではないかと前向きに考えるようになりました。

私事で恐縮ですが、一昨年経験したいわゆる小学校のお受験で「みんな違ってみんないい」という個の尊重をよく耳にしました。イギリスのEU離脱も「個の尊重」という風潮と捉えると、もっと好感してもいいと感じています。少なくともイギリスが日本と同じ単一市場・移民消極の島国に戻る批判をする権利は日本にはなく、日本は仲間が増えたことを喜んですらいいと思います。

このように私は、**グローバル化＝一部の資本家に富を集中させた保護主義化＝先進国の中間層にプラス**と考えているので、よっぽど**相場の最終局面によるフィナーレを作ってくれるであろう先進国の個人投資家のリスクオン化で市場のバブルが構築されることを楽しみに待ちたい**と思っています。

2018年日経平均3万円！期待と3つのシナリオ

この項では、「世間一般のシナリオ」と、私が考える「悲観シナリオ」「楽観シナリオ」の3つのシナリオで、2017年の相場観をお伝えします。この本を読んでいる読者の方はおわかりかと思いますが、もちろん私は「楽観シナリオ」を想定しています。

世間一般シナリオ「全体的には好調で年末は高値終了」

世間的には2017年の高値が21000～22000円、安値が17000円前後といったところでしょう。

欧州選挙で株価は安値をつけつつも、全体的には好調な米国経済が世界経済をけん引し、年末は高値で終えるというのが大方の見方です。

悲観シナリオ「欧州リスク再燃から日経平均15000円割れも」

欧州の政治動向、つまり3月のオランダ総選挙、4～5月のフランス大統領選、9月頃に想定されるドイツの総選挙で反EU派が台頭して保護主義が高まり、欧州リスクの再燃で株が下がるというもの。予想以上の米金利利上げペース、それによる新興国の為替安、金利上昇も悲観論者の根拠で、もしそうなったら私も日経平均15000円割れもありうると思います。（もっともトランプ政権による金利急上昇回避圧力で、これは起こりにくいと思っておりますが）

また、トランプ政権が掲げる財政政策が身内である共和党と折り合いがつけられるかが最大のハードルかもしれません。米国の憲法では、大統領に外交、国防、条約における大きな権限を与えている一方で、財政出動には議会の決定なしではトランプ氏の意中の政策が実現しないリスクがあるのです。

しかし、そこもトランプ氏は大統領補佐官に共和党重鎮と気脈を通じるプリーバス氏を充て、議会との連携重視を鮮明にしています。こういったトランプ政権の姿勢が功を奏して、インフラ投資実現に必要な債務上限の撤廃を議会で通せるように見守りたいと思います。

楽観シナリオ「米国の好調経済に引っ張られ、日経平均3万円大台も」

欧州での政治リスク回避で相対的に日本株の優位性が高まります。新興国の通貨安などによる国外への資金流出なども、日本株には総合的にはプラスに働くと思います。

幸い、われらが棟梁、安倍総理大臣の在任期間は２０１６年12月で歴代４位と政局は安定をしています。そして、東京の棟梁たる小池知事の誕生で、国で少し遅れがちな３本の矢の成長戦略を押し上げることも出てくるかと思います。２０１７年１月７日の日経新聞には、保育士さんの給与補助を２倍の月４・４万円に引き上げる記事がありましたが、日本の経済力の大半を占める東京が時代をリードすることで、海外投資家の日本株への評価も高まるでしょう。

実際に、海外の年金ファンドなどは、一連の日本の安定した政治と社会、並びに円高時でも収益性を高めた日本企業の評価を高めており、トランプ政権の新政策の不透明性が払拭されてくれれば、さらに日本株を組み込む姿勢を強めていると耳にしています。

また、為替に関しても、世間一般ではトランプ政権の減税、規制緩和、財政出動で日米金利差が拡大し、これが超円安になって日本株を上昇させるというのが通説のようです。ただ、私は前述の通り、トランプ氏は適度な金利上昇は容認しても、それ以上は望まないと見ていて、日米金利の大きな格差による円安はあったらありがたいけれど、なくても日本株高を想定しています。

注目の1つは、米企業の海外利益を米国に還流させるいわゆるレパトリ減税です。もしこれが決まると米企業による大量のドル買いによる円安の支え要因にもなります。

さらに、東証に上場する日本企業は利益の6割を海外で稼いでいるのですが、最も比率が高いのが米国なのです。よって、米国内が潤うことは日本の企業を利することにもつながりますし、ひいては最近成田のトランジットで米国に入るインド人を多数見るようになりましたが、米国の好調な経済はかれらの経済活動を通じて、インドをも利するでしょう。

時間の経過とともに、日本国内の景気も円安でどんどん活況になっていくでしょう。

今のところ、物足りないが労働賃金もここ3年連続増加していて、15～65歳の労働参加率が先進国で唯一上がってきたのがわれらのニッポンでもあり、2017年は主婦の方の労働時間も所得控除条件の見直しで増えるため、日本経済にとってプラスに働くでしょう。

そして、日本でも少しずつ住宅金利などを上げてきていますが、米国のインフレ化に日本も引きずられる形でのデフレ脱却が見えてくるものと思われます。日本も真のデフレ脱却となれば、国民の給料も上がり、株価も上がっていくことを合わせて期待しているのです。こうして、**2018年には日経平均3万円という大台すら**見えてきているのです。

続いて、この分析の起点となった16年10月の長期日経平均チャートの分析をご紹介いたします。

実は、上昇相場は２０１６年10月に始まっていた

２０１６年10月、日経平均の月足チャートのボリンジャーバンドは興味深い形を示していました（図1‐1上：チャートの点線で囲んだ箇所が16年10月の月足です）。あまりテクニカル・チャート分析に詳しくない方も心配いりません。名前も覚えなくていいです。

ただ、長期チャートでこのテクニカル指標が煮詰まったように幅が狭まったうえで、上に飛びだしてくるとかなりの確率で強い長期上昇相場が始まるという経験則があり、これに私は着目しました。

過去2回のアベノミクス上昇相場の利幅で考えると、16年10月始値１６５６６円を基点に、17年5月~17年11月、２３１９２~２９１５６円との見立てが成り立ちます。さらに、16年10月から続くこの上昇相場が長期的な最後の上昇局面だとすると、これ

❏ 1-1　アベノミクス相場と日経平均の動き

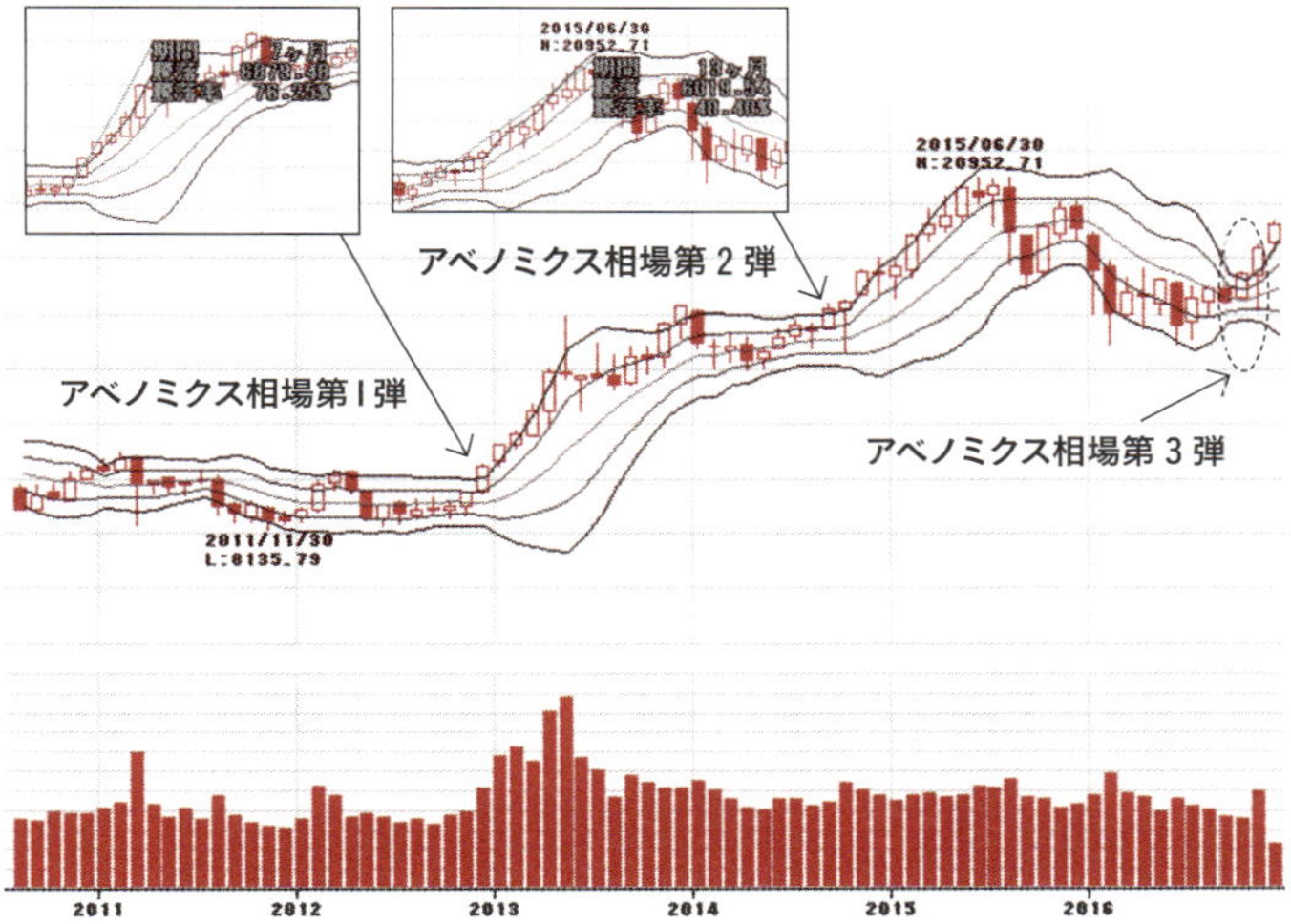

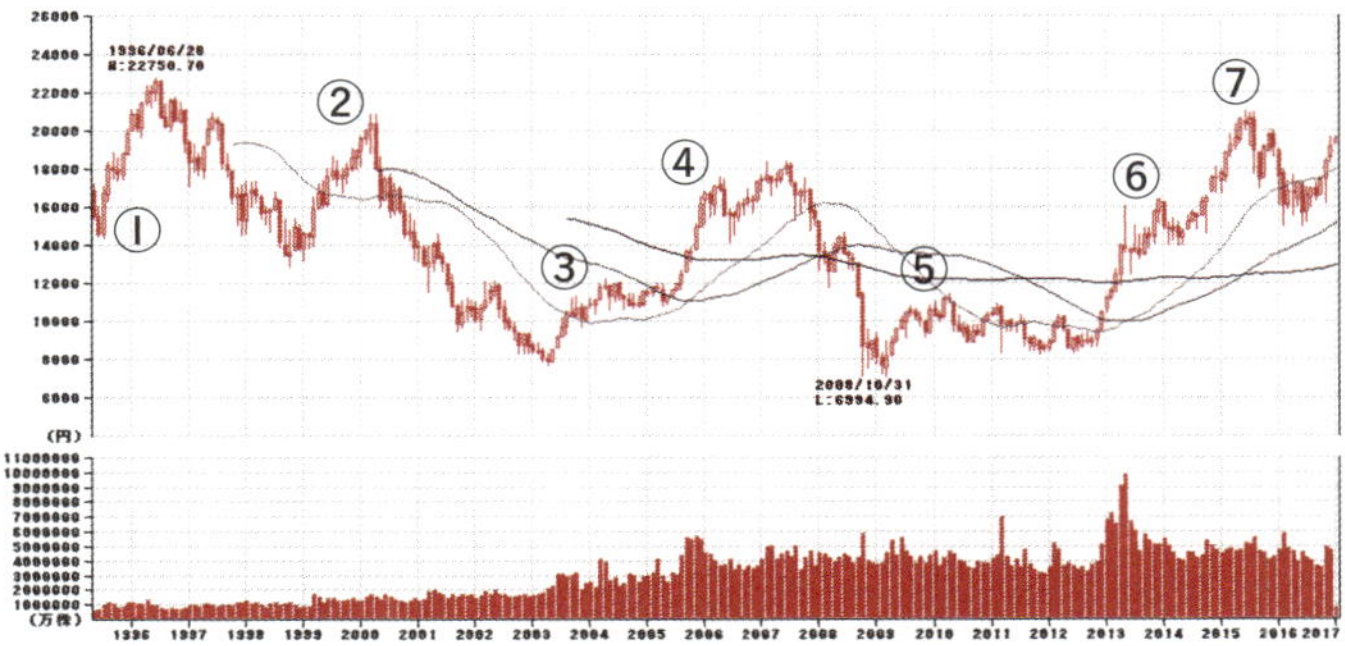

までの相場の研究から最も高い上昇率が生じても不思議はなく、日経平均3万円超えということも起こりうるのです。12月15日には1６５・54の過去最高となった騰落レシオからも、過去ないほどの長期上昇のホイッスルがなったと期待が持てます。その点で過去20年の大相場の上昇率から計算（図1‐1下）しても日経平均3万円のシナリオを期待してしまうのです。

月足チャートの各上昇相場は、

①13カ月で60%、
②20カ月で56%、
③14カ月で58%、
④13カ月で60%、
⑤16カ月で55%、
⑥16カ月で87%、
⑦15カ月で47%、

となっています。

この分析からも、

上昇期間13～20カ月（平均15カ月）、上昇率47・5～87％（平均60％）

この場合は、16年7月始値15698円を基点に、上昇終了期間17年8月～18年3月、上昇予測23076～29355円という見立てが成り立ちます。後は時の勢いがあれば日経平均3万円も夢ではないのです。

日経平均3万円と聞いて、「まさか」と思う人もいらっしゃると思いますが、目指すは「日経平均4万円！」。前著でもその理想を書き続けていますが、1989年の日経平均3万8915円超えが日本の輝かしい未来のために必須です。

経済がデフレを脱却し、物価も給与も上がれば、日本企業の絶対額としての売上も利益も上がり、そのファンダメンタルズで日経平均も上昇していく。少子高齢化の日本だからこそ、世界最先端のＡＩ活用と女性&元気なシニアの労働力による日本列島改造で生産性を上げ、再び成長国となることを期待したい。

2017年以降、株で勝つための投資戦略

以上、ここまで述べてきたように、2018年にかけて日経平均3万円の楽観相場を現時点では見込んでいます。そして、山高ければ谷深し。われわれは、山でいっぱい売って儲けて、谷深しでは、いよいよ逆張りの大人買いの好機を迎える未来を期待したい。

今年は例年以上に、大きく相場の見方が分かれておりますが、いつものように予想に賭けるような愚かなことはしません。あくまでも相場は後出しじゃんけんで、数値やチャートサインが出てから投資をしても十分儲かる「合理的な世界」。現時点で想定している楽観シナリオにも変調が来ることを想定しておいてください。

楽観シナリオでは、程よくゆっくりとした米金利上昇と原油の上昇を見込んでいます。逆に、それが米金利低下に転じたり、財政悪化懸念で金利が急騰するなどすれば、

悲観シナリオの到来もなくもないため、長期金利や原油価格などのファンダメンタル指標に注目して投資戦略を柔軟に持っておきたい。米トランプ経済や英メイ経済の不透明感が大きく、様々な思惑やシナリオが語られるからこそ、最終的には景気の温度計となる指標の合理性の客観視が大事になるでしょう。

そして、リスクオフに転じる目安として、

- **米長期金利（10年物国債）＝2％割れ**
- **WTI原油先物価格＝40〜43ドル割れ**
- **銅先物価格（COMEX）＝2・3ドル割れ**
- **ドル円＝105円割れ**

などの分岐点を経済指標が示唆した場合には、頭を柔軟に戦術を変化させ、長期的には出血を少なくして敗戦を認めることも大事だということを初心者の方には特に申し上げておきます。

さらに、日銀も「2017年には利上げも」という日経の記事がありましたが、**もし日米の両中央銀行が利上げに転じるとなると、06年のように売りを考えるサインになるかもしれませんので、意識しておいてください。**

日経平均の急上昇が10倍株の原動力となる

さすがにアベノミクスによる4年以上の上昇相場で、私が当初注目した多くの銘柄がすでに上がってしまいました。

しかし、ここから日経平均がもっと急上昇していくなら話は別です。日経平均が急上昇するときには個別銘柄はもっと上昇します。図1-2のチャートではアベノミクス上昇第1弾における日経平均と小型大化け株の相対的な上昇率比較を作ってみました。

日経平均の急上昇が小型株の株価を急騰させることは、誰の目にも明らかです。

故に、今回は心機一転で新法則に基づき割安な銘柄を探してみたところ、次の第2章で取り上げる10選をご紹介することができました。取り上げた10銘柄のすべてが時価総額100億円未満の出遅れ株で、今回はガチでテンバガー(10倍株)を期待でき

❏ 1-2　アベノミクス相場時の日経平均と小型株の比較

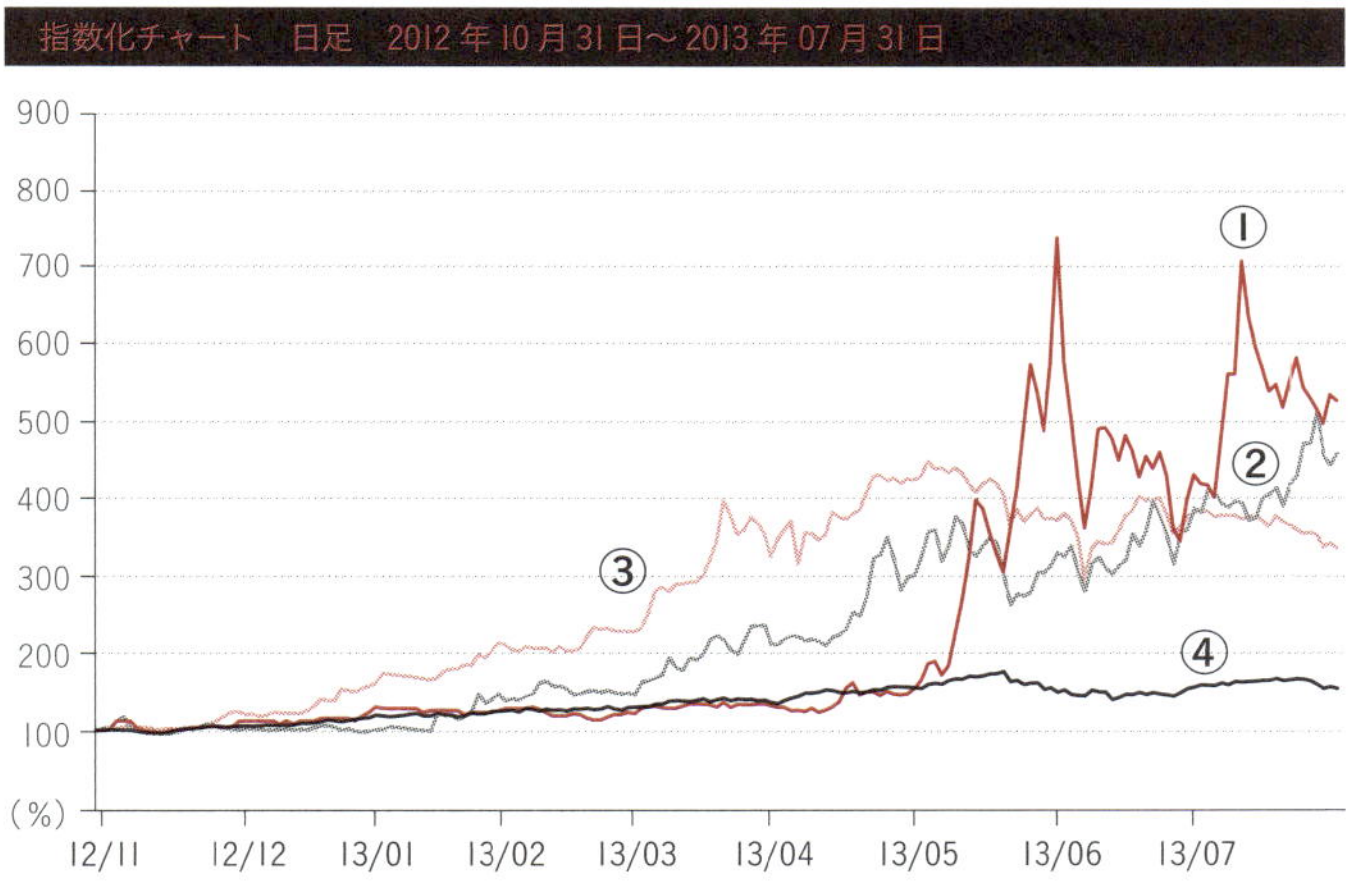

上記はアベノミクス相場第1弾上昇期の日経平均とテンバガー（10倍株）実績株の株価推移を相対的に比べた複合チャートです。

① アンドール
② ＪＡＣリクルートメント
③ 瑞光
④ 日経平均

1.87倍になった日経平均の上昇がたいして上昇してないと思えるほど、小型株は急騰しています。

これから期待すべきアベノミクス第3弾＆トランポノミクスによる日経平均上昇期待で小型株の急騰を再度狙い、素晴らしい結果を期待したい。

る予備軍です。

もちろん、全体市場の値動きに個別銘柄は長期的に連動してしまいますので、全体市場がリスクオフになった場合は、小さな時価総額の銘柄ほど下落幅もとんでもなく大きくなります。よって、その点は前述したようなポイントを踏まえて、全体相場の監視も怠らないでください。

その上で、われわれ投資家は２００５～２００７年の上昇相場の再現やアベノミクス第３弾の急騰相場の実現を合理的かつ忍耐強く待ち望みながら、10倍や2倍以上の大化けを期待できる銘柄に投資をしていこうではありませんか！

第2章

いま仕込んでおくべき10倍株10選

10倍株の新法則で発掘した厳選10銘柄

第2章では、第3章で紹介する「10倍株の新法則」でスクリーニングをして該当した22銘柄の中から厳選した10社をご紹介しています。本来であれば、新法則を説明した後で銘柄を紹介したほうが流れがスムーズかと思いますが、早く10倍株銘柄を知りたいという人のために、先に銘柄を紹介し、後で新法則を説明しています。

さて、読者の中には、今から10倍株は厳しいのではないかという人もいるかもしれませんが、私もその指摘を否定は致しません。真っ当なファンダメンタルに基づいて選抜した会社でも、10倍株になるには2～5年ほどの月日が必要だとこれまでの経験から思います。

よって、まずは2倍株を目指せる会社で、仮に1章で取り上げた悲観シナリオに相場が動いたとしても、次の数年後の相場の急騰局面で10倍株を目指せる事業価値・潜在性を持った会社を載せております。

一方で、2018年末日経平均3万円のシナリオが実現する流れの中であれば、この10選の中から新たな10倍株が生まれる可能性は十分にあります。今回、10倍株を探し出す新たな法則を手に入れたことで、久しぶりに新規のなじみのない会社とその会社が持つ潜在成長性にワクワクしながら本書を綴っています。この10選企業があなたにとってのプラチナチケットになることを願っています。

銘柄リストの項目の補足説明

各銘柄は、「会社プロファイル」「注目した背景」「第3章の10倍株の新法則で査定したファンダメンタル」「決算説明資料や該当企業のWEBで気になった点」「テクニカルチャートによる売買タイミングの解説」の順に紹介をしています。

10倍株の新法則の詳細説明は後述しますが、新法則による15のチェック・ポイントと私の独自の割安判定指標、テクニカルチャートについて簡単に触れておきます。

10倍株の新法則　15のチェック・ポイント

①時価総額300億円以下

②上場して10年以内、会社設立50年以内
③全社員の平均年齢が比較的若く、平均年収が上場企業平均よりも低い
④経営陣が主要株主欄にいるか
⑤少数特定者保有比率が50％以上、浮動株比率が20％以下
⑥予想増収率７％以上、前期増収率１％以上
⑦予想「営業利益」増加率７％以上
⑧予想「営業利益率」の増加率がプラスか、マイナスでも15％以内に収まっているか
⑨来期予想当期利益増加率がプラス
⑩自分目線で３～10年先の会社の成長性を信じ、応援したいか
⑪自己資本比率30％以上
⑫営業ＣＦが２期連続でマイナスでなく、有利子負債対現金比率が３・５以下
⑬予想ＰＳＲが２・５倍以下
⑭予想ＰＥＲが30倍以下
⑮ＰＢＲが５倍以下

朝香の総合割安度

以下の計算式に基づいています。

〔（予想PSR＋成長割安性（×4）＋財務割安性）÷3〕

この式に登場する「予想PSR」は、時価総額÷予想売上で2・5倍以下であれば割高ではないと判断。

「成長割安性」は、VGSレシオという独自指標から導き出しています。これは、Value Growth Stock（割安成長株）の略で、戦後のソニー、ホンダ、任天堂、バブル後のニトリ、ヤマダ電機、ユニ・チャーム、参天製薬、日本電産、キーエンス、ファーストリテイリング、MonoraRO、瑞光などの成長性を検証し、開発した朝香独自の指標。1倍以下は激安、2・5倍以下は中立、5倍以下は割高でない。（計算方法は非公開）

財務割安性は、貸借対照表の各財務、営業利益と営業キャッシュフローを加味して財産価値と事業価値から割安性を判断。1倍以下は激安、2・5倍以下は中立、5倍

以下は割高でない。（計算方法は非公開）

なお、簡単に財務だけの割安性を判断するのに、EV／EBITDA倍率というものを使ってもいいでしょう。証券会社サイトで簡単にわかりますし、実際のM＆Aの際には最初にこの数値の絶対値と業界他社の競合値を見比べますので、ご参考まで。

こうして算出した「朝香の総合割安度」が1倍以下は激安、2・5倍以下は中立、5倍以下は割高でない、10倍程度以下は許容範囲（超割高とは見なさない）にしています。

テクニカルチャート

移動平均線より上の株価は強く、さらに上がるという判断を普段しております。また、週足チャートを選択したのは、第3章でご紹介している大化け株加速サインというものを最も確度の高い長期急騰サインだと判断しているので、紙面の限りもあって週足チャートのみを掲載いたしました。

では、厳選10銘柄の中から、10倍株候補ベスト3の特選3銘柄からご紹介します。

10倍株

「特選3銘柄」

839円

100

北の達人コーポレーション（2930）

会社プロファイル

オリゴ糖原料の健康食品「カイテキオリゴ」などをネット販売するベンチャー企業。2000年に木下勝久社長が北海道産品のネット通販を開始。06年に自社商材「カイテキオリゴ」の専用サイトを開設し、健康食品分野を強化。11年に食品3サイトを売却し、健康・美容分野に経営資源を集中。売上高の半分近くを占めるカイテキオリゴへの依存度低減が課題。主商品は数商品だが、今後、毎期5～10商品内外を投入し、育成する方針。（会社四季報オンライン参照。以下銘柄も同様）

ここをチェック！

好調な主力のオリゴ糖の依存割合を順調に年々減らすことに成功し、徐々に筋肉質な事業構成になりつつある。他商品もニーズは高いものの、マーケットサイズの小さな利益率の取れるモノを今後も多く出すための商品開発体制を整えたところに好感をもった。機能食品の分野では一発商品でしぼむ会社も多いためだ。一方で、アジアの市場開拓を始めており、今後ますます社会の高齢化傾向が進むことも鑑みて、大化け性は十分だ。

❏ 10倍株の新法則！ 15のチェック・ポイント（2930）

	ポイント	条件	数値・内容
大化け性	①時価総額（16年12月末）	300億円以下	54億円
	②上場／会社設立の経過年	10年／50年以内	4年／14年
	③社員の平均年齢若い／平均年収低い	41歳以下／578万円以下	31歳／394万円
	④主要株主	経営陣がいるか	社長54%
	⑤特定株／浮動株比率	50%以上／20%以下	68.8%／17%
成長性	⑥増収率	予想7%／前期1%以上	18.3%／14.5%
	⑦予想増益率（営利）	7%以上	28.4%
	⑧予想営業利益率の変化率	マイナス15%以内	ＯＫ
	⑨来期当期利益増加率	プラス	ＯＫ
	⑩自分目線・成長キーワード	200年ライフ、ニッチ堅実経営、アジア展開初動	
安全性	⑪自己資本比率	30%以上	86.5%
	⑫2期連続営業CF／有利子負債対現金同等物比率	マイナスでない／3.5以下	ＯＫ／0
割安性	⑬予想PSR	2.5倍以下	2.1倍
	⑭予想PER	30倍以下	15.9倍
	⑮実績PBR	5倍以下	4.09倍
	朝香の総合割安度	2.5以下	1.35

❏ 決算説明書資料などのここに注目（2930）

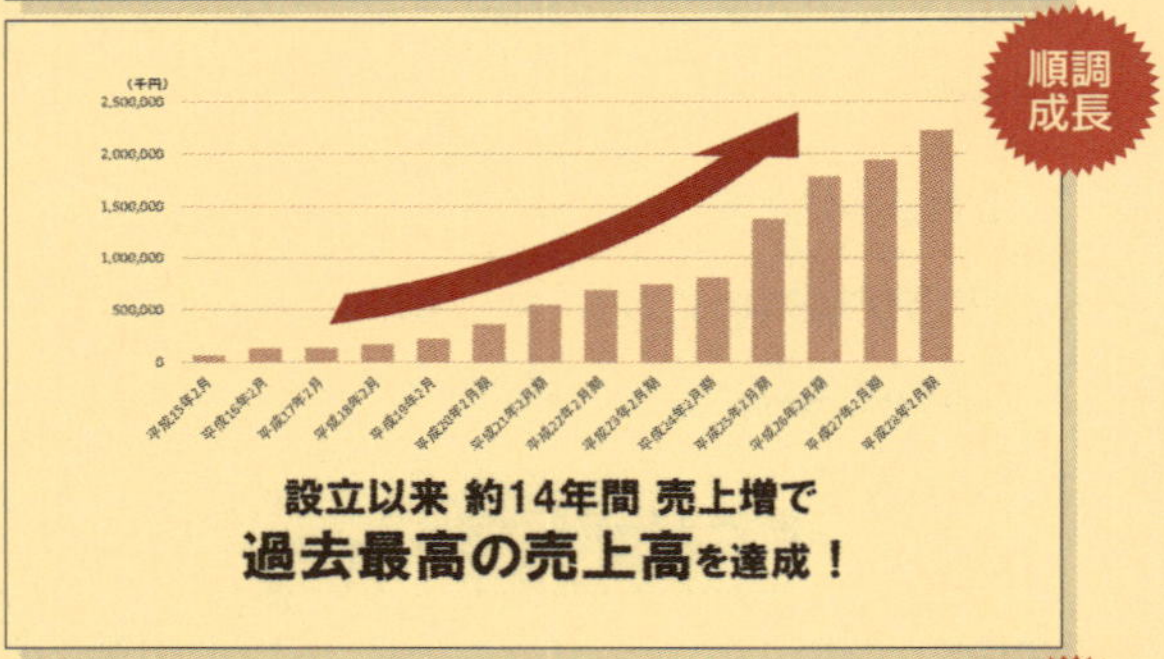

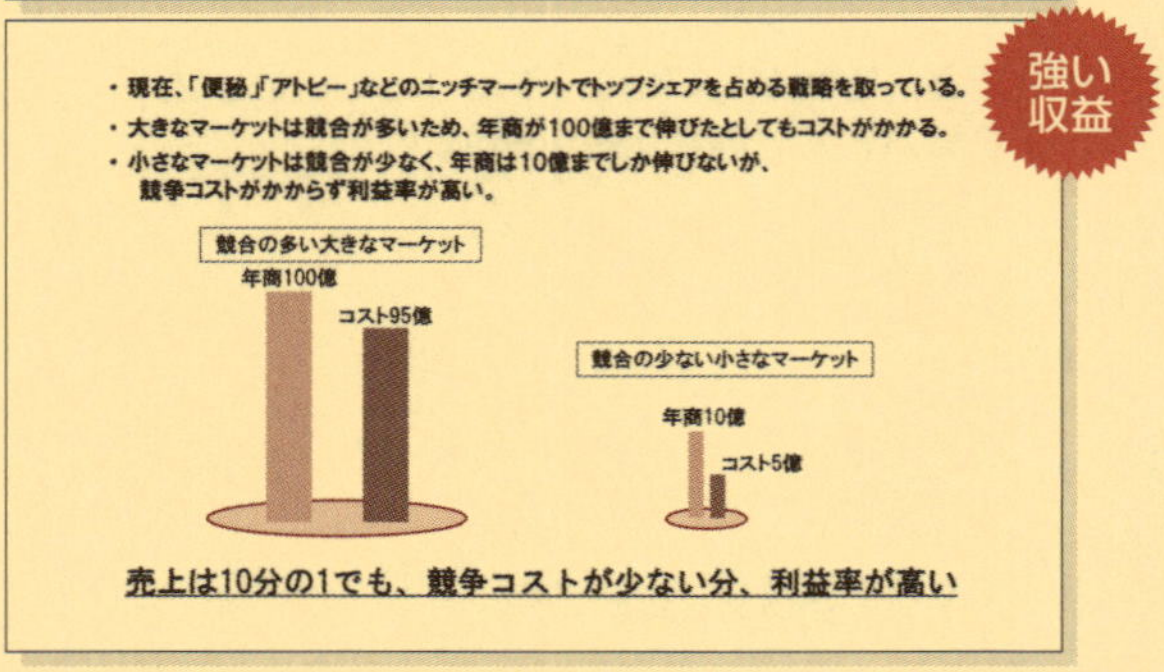

❑ チャート・チェック（2930）

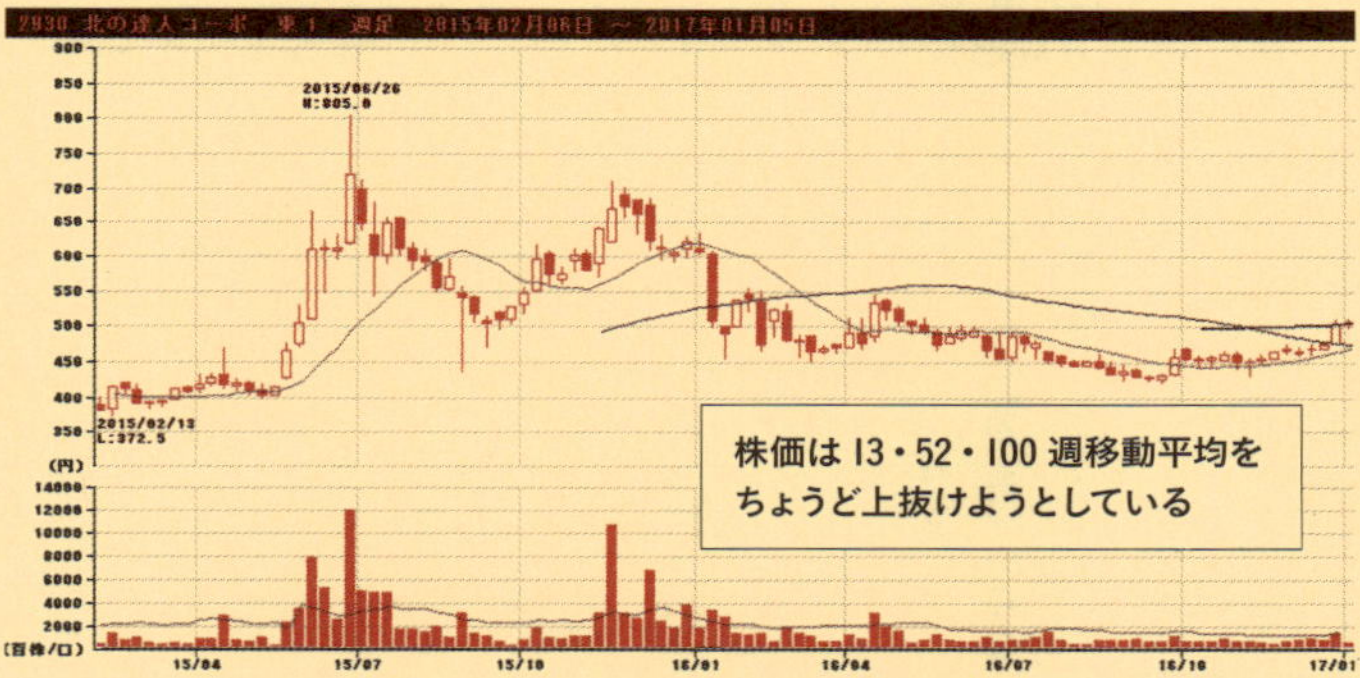

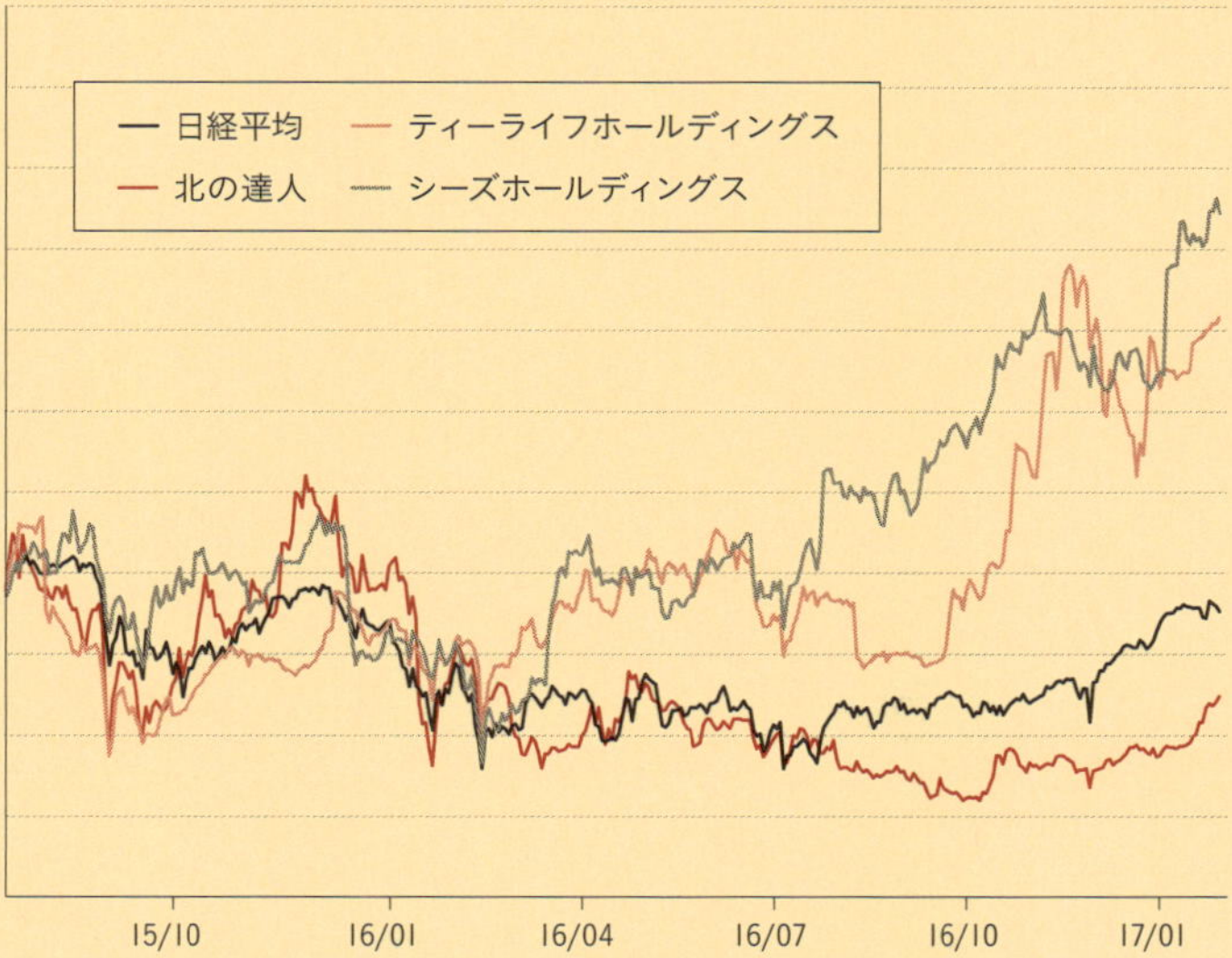

比較会社・日経平均（1年半来）の株価と比べて最もモメンタムが低く、まだ株価に勢いがない。買うなら打診買いからスタート！

17/2 21A

100

ソーシャルワイヤー（3929）

会社プロファイル

ニュースワイヤー事業やレンタルオフィスを運営。2006年設立。企業等に対し、製品やサービス、事業などに関するプレスリリース文書の校正や配信メディアの選定等を実施。新聞、雑誌、Web情報のクリッピングサービスも行っている。レンタルオフィスは東京・新宿、六本木やシンガポール、インドネシアなど7カ国10拠点で展開。起業や海外進出などのコンサル業務も手掛ける。16年にクラウド翻訳のトランスマートを子会社化。

ここをチェック！

これまでただのプレスリリース会社だと思ってよくチェックしてこなかった同社（私の応援株ベクトル子会社の競合はいらないという感覚もあったので）。しかし、今回の法則によるスクリーニングで事業をチェックし、これは伸びる会社だぞ！と感じた。前著『Mr.テンバガー朝香のインド＋親日アジアで化ける日本株100』で書いたように、親日アジア市場には日系企業の進出率が高く、2050年までの経済・人口成長が半端ない。そのBPO事業がこの時価総額で買えるとは、法則に感謝。

❏ 10倍株の新法則! 15のチェック・ポイント(3929)

	ポイント	条件	数値・内容
大化け性	①時価総額(16年12月末)	300億円以下	33億円
	②上場/会社設立の経過年	10年/50年以内	1年/10年
	③社員の平均年齢若い/平均年収低い	41歳以下/578万円以下	33歳/350万円
	④主要株主	経営陣がいるか	社長17.6%
	⑤特定株/浮動株比率	50%以上/20%以下	68.9%/19.3%
成長性	⑥増収率	予想7%/前期1%以上	22.8%/23.3%
	⑦予想増益率(営利)	7%以上	15.5%
	⑧予想営業利益率の変化率	マイナス15%以内	OK
	⑨来期当期利益増加率	プラス	OK
	⑩自分目線・成長キーワード	親日アジア市場、高いストック・堅実性、クラウド	
安全性	⑪自己資本比率	30%以上	39.6%
	⑫2期連続営業CF/有利子負債対現金同等物比率	マイナスでない/3.5以下	OK/0.87
割安性	⑬予想PSR	2.5倍以下	1.4倍
	⑭予想PER	30倍以下	19倍
	⑮実績PBR	5倍以下	4.05倍
	朝香の総合割安度	2.5以下	1.01

❑ 決算説明書資料などのここに注目（3929）

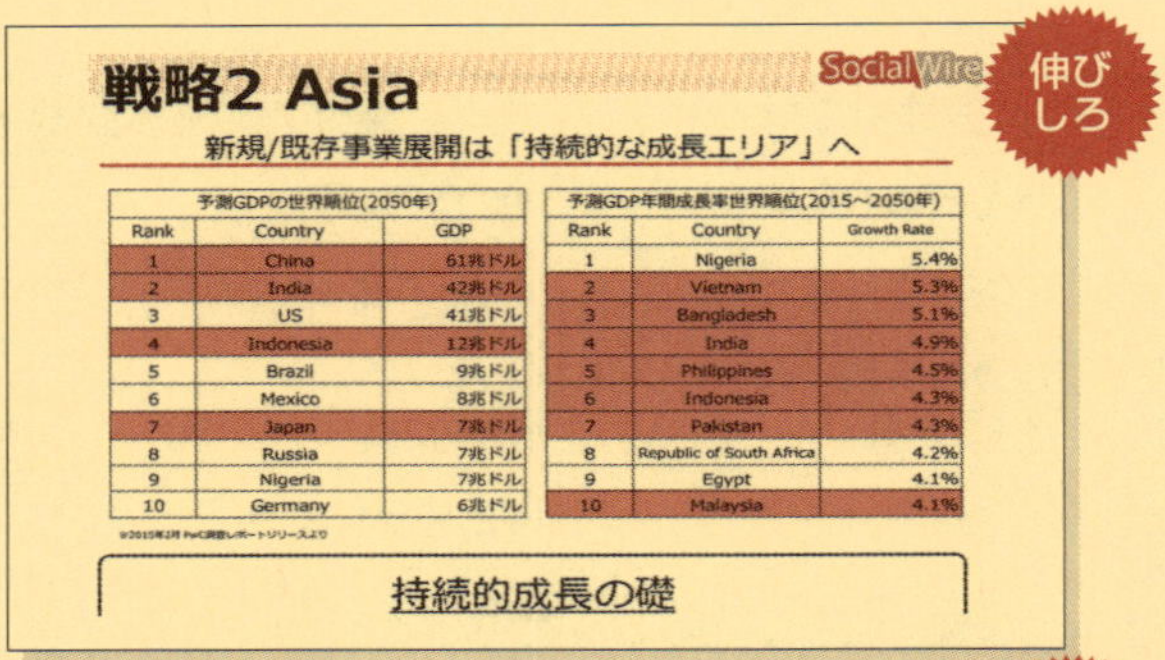

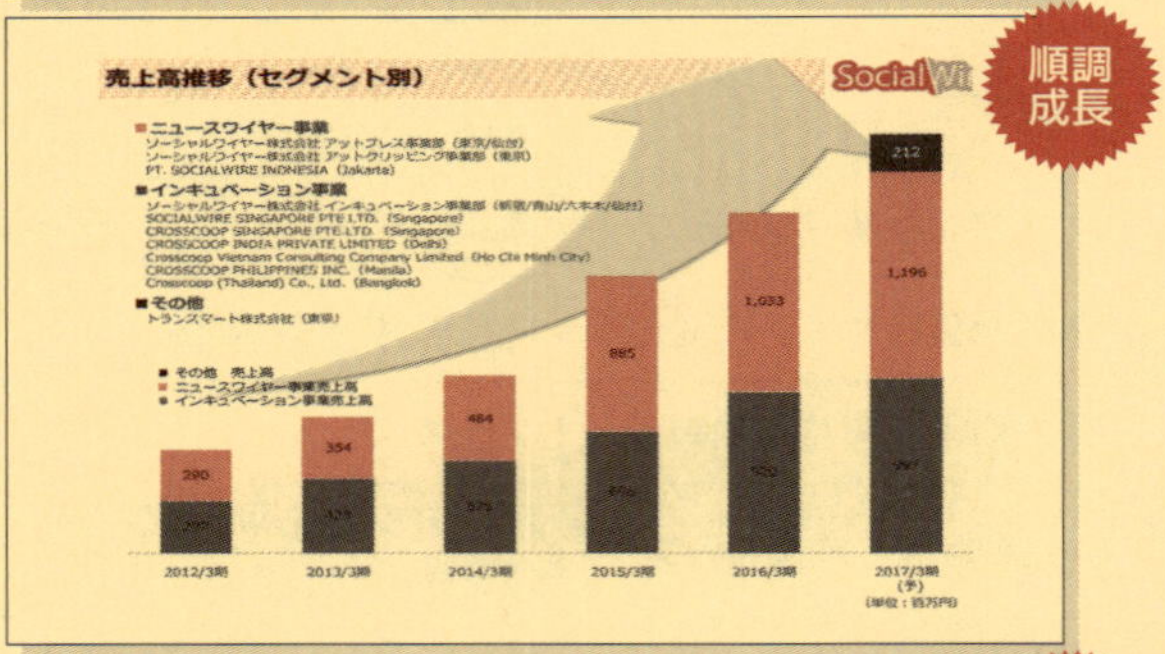

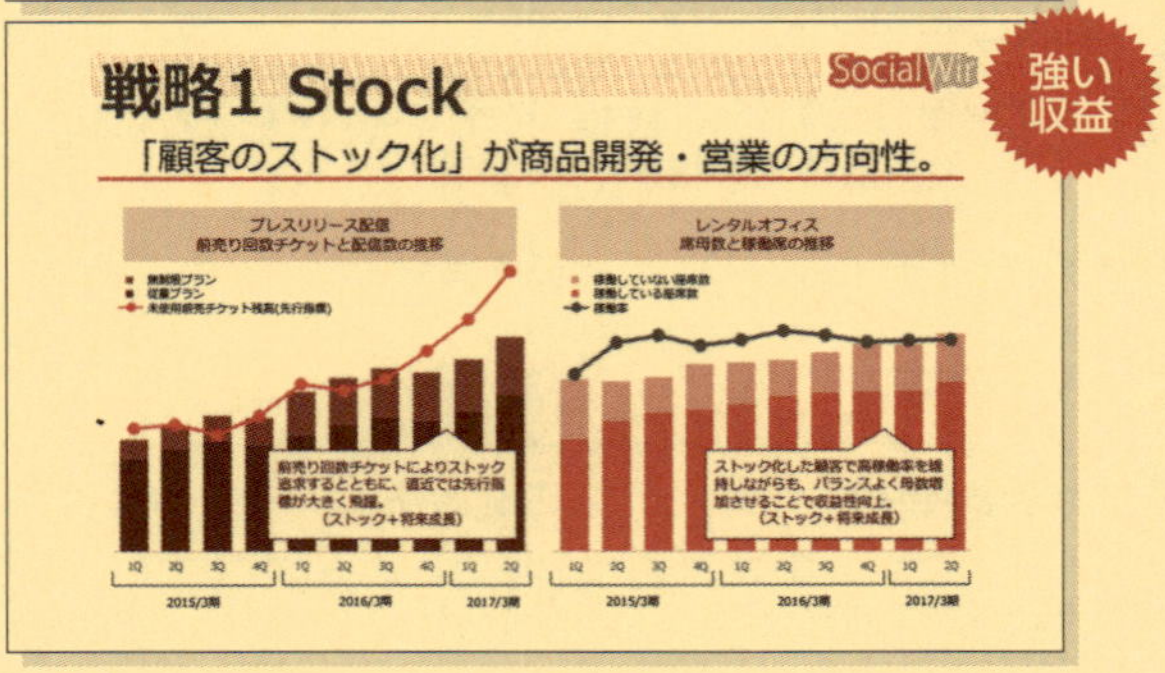

❏ チャート・チェック（3929）

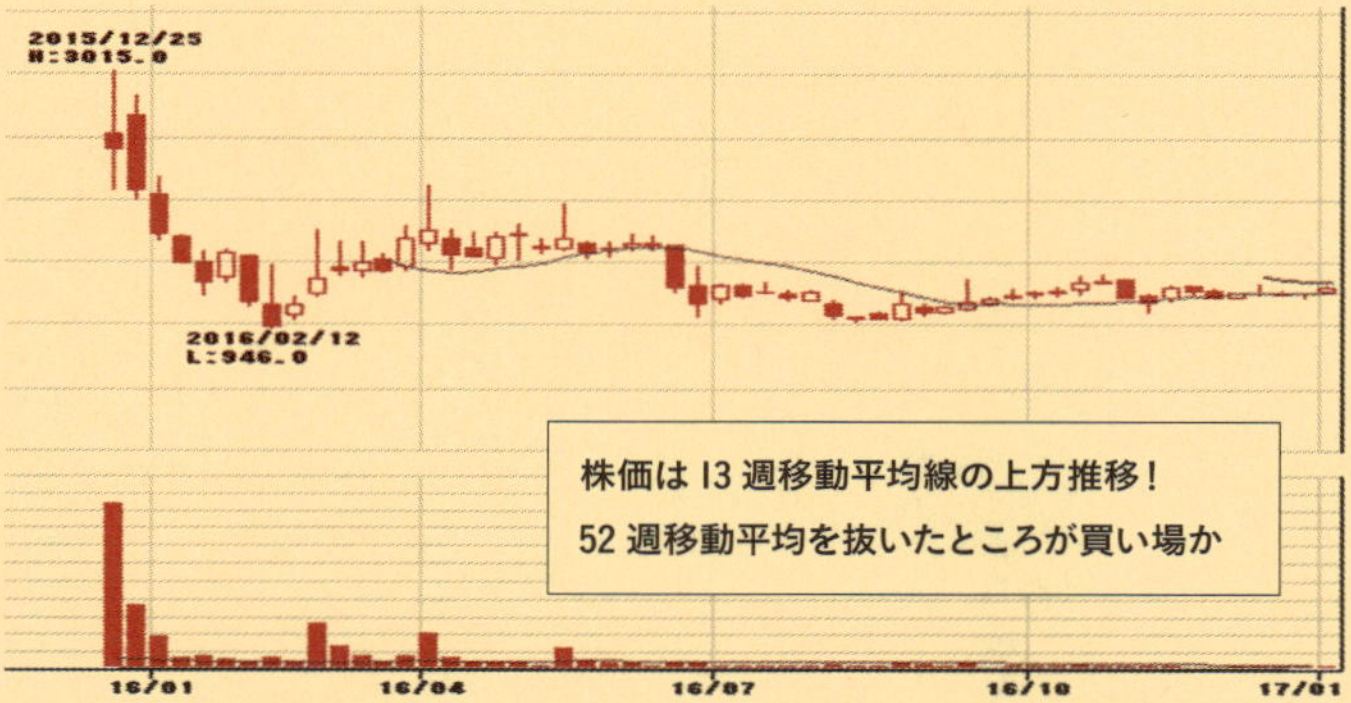

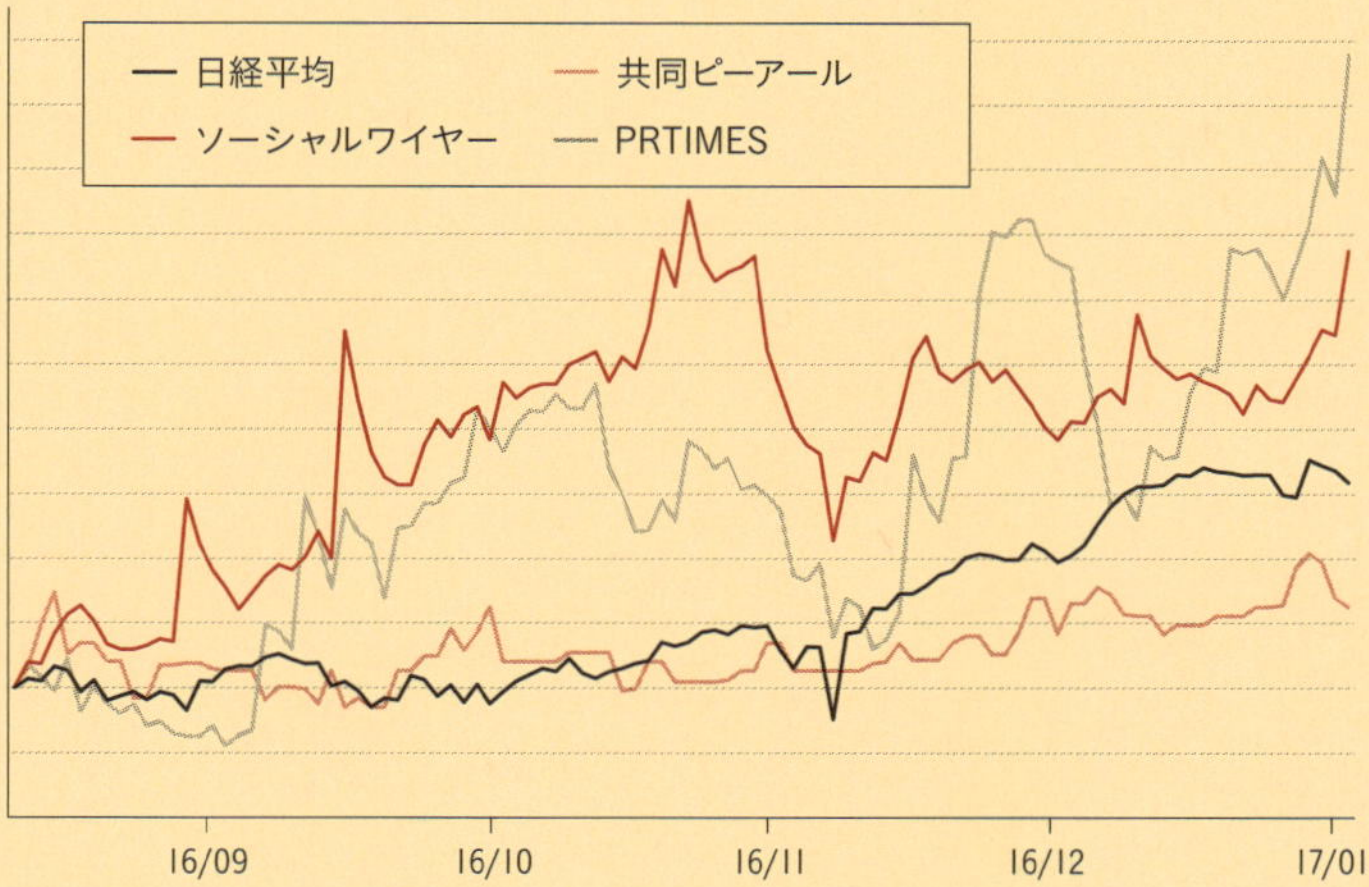

日経平均（1年半来）の株価より上、ＰＲＴＩＭＥＳより下。
たしかにリリース事業では、ＰＲＴＩＭＥＳのほうが優位。
しかし、アジアにおけるストックモデルでは、その親会社であり私のテンバガーであるベクトルですら凌駕していく可能性を秘めており、同社の株価が今後のＰＲＴＩＭＥＳを逆転した時には、追加買いの好機となるだろう。

レントラックス（6045）

会社プロファイル

インターネット広告サービス（成果報酬型広告サービス）を展開する、アフィリエイト・サービス・プロバイダー。広告主と広告掲載媒体運営者を仲介し、成果報酬額の調整、報酬の回収・支払い管理等のサービスを提供している。既存パートナーサイトからの紹介や、自社からのリクルート以外では登録できないクローズド型に特徴を持つ。またヤフーやグーグルなどの正規代理店として、検索連動型広告の取次代理も行っている。

ここをチェック！

2016年末に政府の発表した「正社員の副業の後押し」という時代の流れの恩恵を受ける銘柄になると見ている。この発表を受けて、17年度は、サラリーマンの副業ビックバン元年になったとする。そうすると、にわかアフィリエイターが増えて、従来の成果報酬型広告会社も儲かるが、同社のようにクローズ型で良質なメディアを抱えている点に広告主の評価が集まるだろう。そして、その結果、同社の利益率は高まると予想する。なお、インドネシア事務所開設は、大化けする芽として覚えておきたい。

❏ 10倍株の新法則! 15のチェック・ポイント(6045)

	ポイント	条件	数値・内容
大化け性	①時価総額(16年12月末)	300億円以下	56億円
	②上場/会社設立の経過年	10年/50年以内	1年/11年
	③社員の平均年齢若い/平均年収低い	41歳以下/ 578万円以下	31歳/ 478万円
	④主要株主	経営陣がいるか	社長52.4%
	⑤特定株/浮動株比率	50%以上/ 20%以下	68.2%/ 16.8%
成長性	⑥増収率	予想7%/ 前期1%以上	20.3%/ 74.1%
	⑦予想増益率(営利)	7%以上	14.5%
	⑧予想営業利益率の変化率	マイナス15%以内	OK
	⑨来期当期利益増加率	プラス	OK
	⑩自分目線・成長キーワード	政府の正社員副業の後押し政策、親日アジア市場	
安全性	⑪自己資本比率	30%以上	64.2%
	⑫2期連続営業CF/有利子負債対現金同等物比率	マイナスでない/ 3.5以下	OK/0
割安性	⑬予想PSR	2.5倍以下	0.69倍
	⑭予想PER	30倍以下	15.3倍
	⑮実績PBR	5倍以下	4.14倍
	朝香の総合割安度	2.5以下	0.56

❑ 決算説明書資料などのここに注目（6045）

伸び
しろ

2017年3月期 第2四半期ハイライト

連結業績	売上高　3,681百万円（前年同期比 ＋ 24.1%） 営業利益　256百万円（前年同期比 ＋ 8.2%） 経常利益　256百万円（前年同期比 ＋ 13.9%） 四半期純利益　163百万円（前年同期比 ＋ 17.3%）
成果報酬型広告サービス事業	売上高　3,460百万円（前年同期比 ＋ 25.8%） 売上総利益　500百万円（前年同期比 ＋ 27.7%）
検索連動型広告代行事業	売上高　209百万円（前年同期比 ＋ 18.0%） 売上総利益　29百万円（前年同期比 △ 7.9%）
トピックス	・2016年 8月 自己株式60,000株の取得を実施 ・2016年11月 インドネシア ジャカルタに駐在員事務所を設立 ・登録パートナーサイト運営者は第2四半期末時点で16,786名 （対前年同期末比で4,604名の増加）

順調
成長

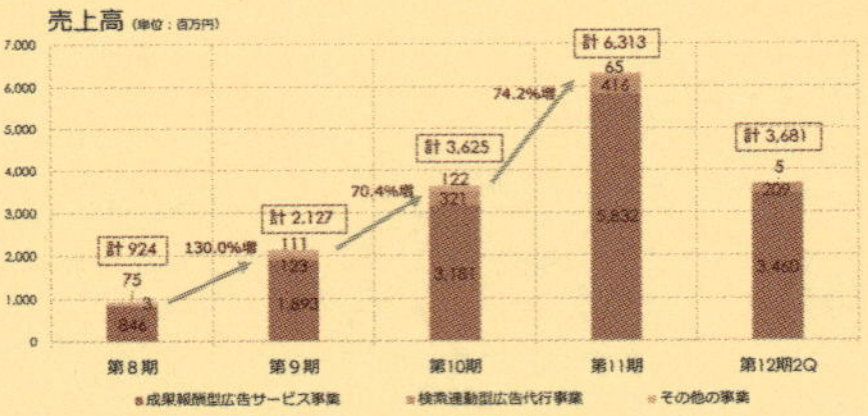

強い
収益

【アフィリエイトサービスを利用する際に広告主が負担する費用】

[illegible]	[illegible]	[illegible]
[illegible]	無料	有料（条件付無料）
[illegible]	無料	有料（条件付無料）
[illegible]	無料	有料

当社のサービスの強み

クローズド型サービス

既存パートナーサイト運営者、アフィリエイト塾等からの紹介、または当社からのリクルーティング等がなければパートナーサイト登録ができない「クローズド型」のサービス体制となっています。

「クローズド型」であることにより、広告主にとっては、集客力の高い有力なパートナーサイトへの広告出稿が可能になり、パートナーサイト運営者にとっては、高い成果報酬が期待できる広告案件等の優良な情報を得る機会が多くなるなど、双方にとってメリットの高いサービスとなっております。

当社に登録しているパートナーサイト運営者は、検索連動型広告やSEO等により集客をしているため、広告主は、検索エンジンによって特定キーワードに関する情報を探しているような、能動的に行動している消費者が閲覧すると思われるサイトへ広告掲載をすることが可能となります。

【パートナーサイト運営者の登録の流れ】

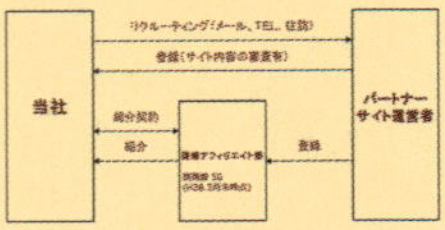

❏ チャート・チェック（6045）

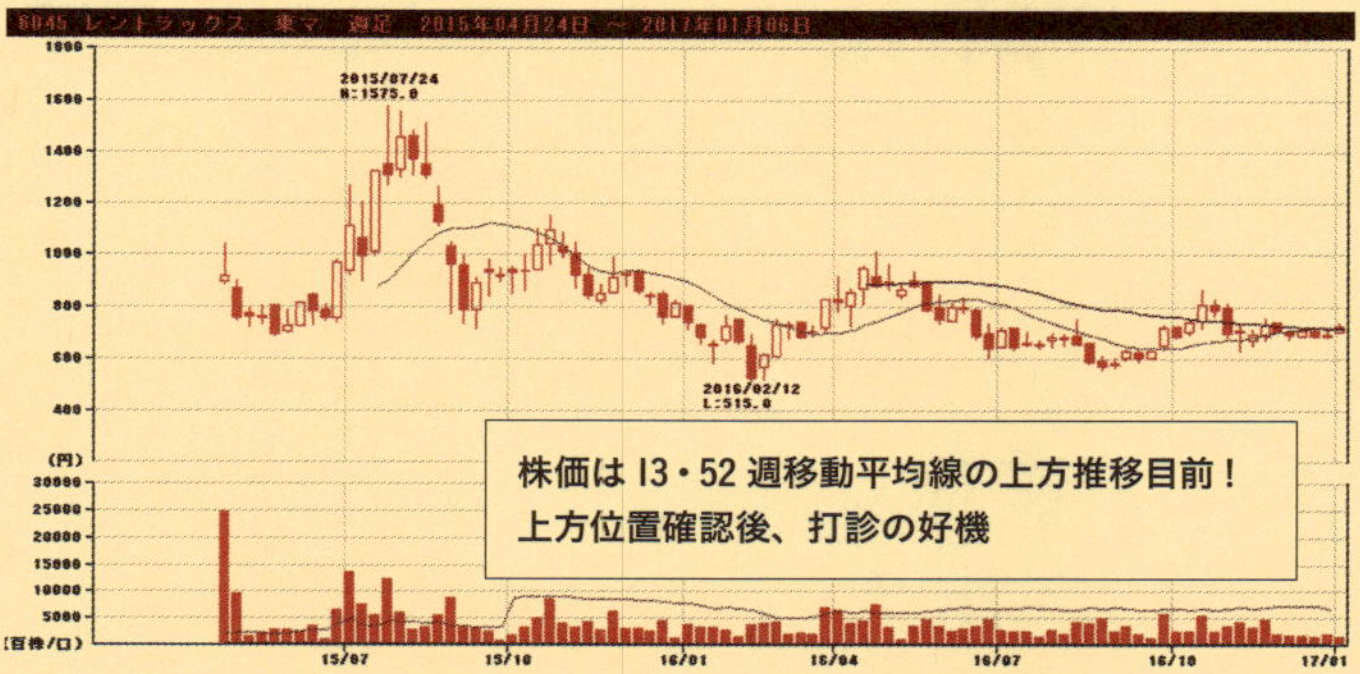

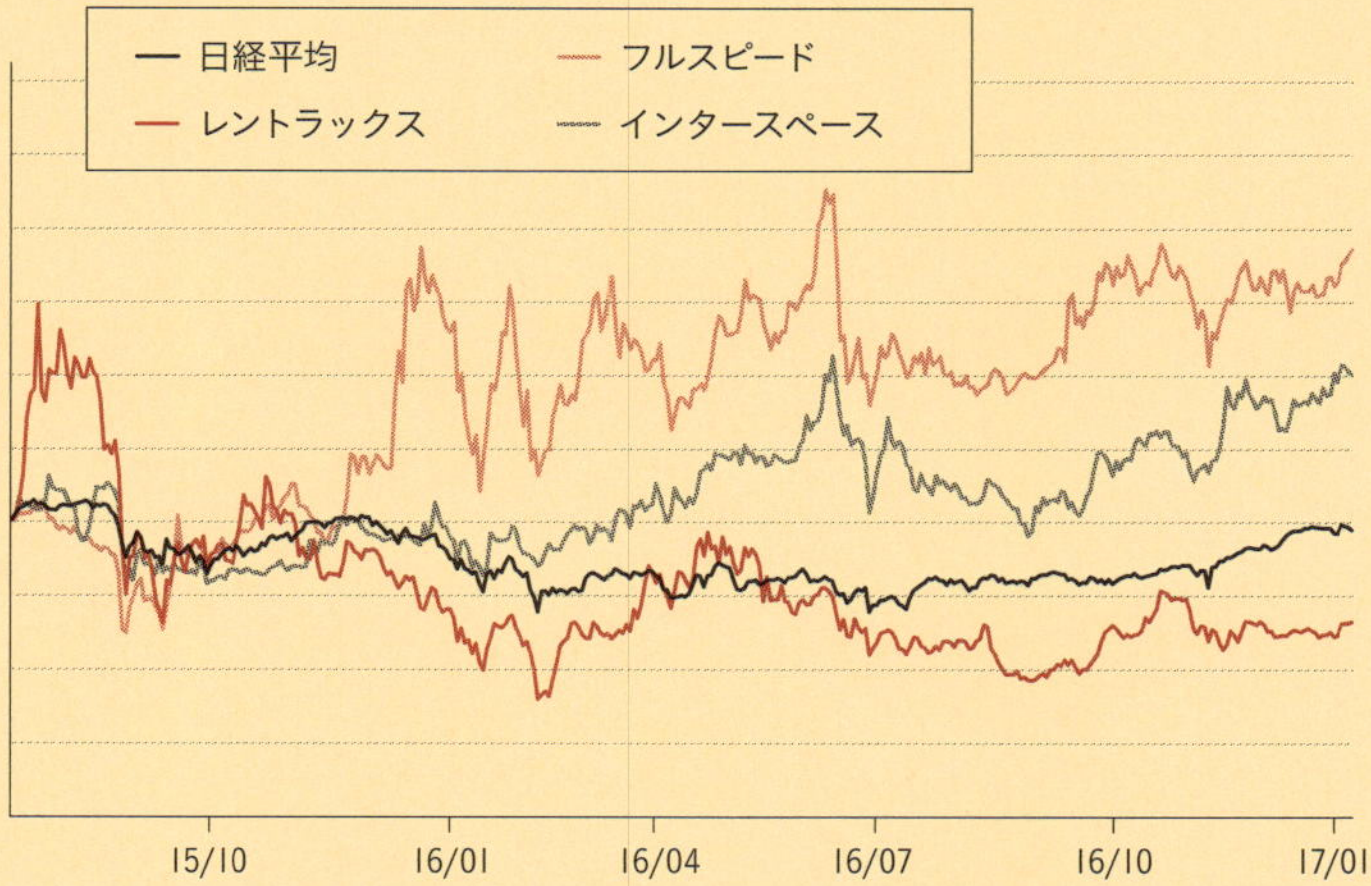

比較会社・日経平均（1年半来）の株価と比べて最もモメンタムが低く、まだ株価に勢いがない。買うなら打診買いからスタート。
他の銘柄もそうだが、知名度がないため株価は低いが、掘り出し物のオンパレード。

特選
3銘柄

投資銘柄をさらに絞る際に参考にしてほしいこと

10倍株の新法則に従ってスクリーニングをした22銘柄から、本書では10銘柄を仕込んでおくべき注目株として「朝香目線」で厳選しました。

しかし、個人投資家の中には10銘柄でも多すぎるという人もいるかもしれませんし、さらに人によっては、1、2銘柄で勝負をしなければならない人もいるかもしれません。

そこで、本書ではこの袋とじ企画をご用意しました。

目の前にある有望な10銘柄から泣く泣く3銘柄に絞らなければならない。そんなケースを想定して、厳選した10銘柄からさらに選抜した特選3銘柄を選ぶ際に、個人投資家のみなさんが10倍株の獲得確率を上げるためにチェックしていただきたいポイントを示し、特選3銘柄をご紹介しています。

10倍株の確率を上げる「銘柄をさらに絞る3つのポイント」

①時価総額が大きいものを省く

後述する銘柄も合わせた10銘柄の中で、最大時価総額（94億円）のエランが10倍の940億円になるよりは、最小時価総額（22億円）のホープが10倍の220億円になるほうが確率的には起こりやすい。よって、時価総額順に、ホープ、ソーシャルワイヤー、北の達人コーポレーション、レントラックス、GMOメディアに絞りました。

②海外事業が初動で、売上の潜在力が大きい会社以外を省く

この5銘柄から海外展開のないホープを省きます。この会社も成長余地は十分です。しかしながら、人口縮小の日本市場よりも成長性の高い海外事業のほうが、株価急騰のきっかけになることが多く、このポイントを入れました。さらに、残った4銘柄の海外事業が成熟しておらず、初動で成長余地が大きいことも重要です。

③経営トップ・役員の保有株割合が低いものを省く

残った4銘柄からGMOメディアを省きました。社長や役員の保有株割合が多ければ多いほど、経営陣も自分ごとですから本気で株価を上げようとします。そのため、圧倒的に割合の低いGMOメディアを省いて残った3銘柄を、特選3銘柄としました。

この絞り込みの前提として、

・10倍株の新法則でのスクリーニングを終えていること
・株価が週足チャート移動平均線から大きく乖離しておらず上昇余地が大きいこと
・自分目線で投資先の事業有望性を理解できていること

この章で紹介する厳選した10銘柄はこの前提となる条件をすべて兼ね備えており、どれも有望です。この袋とじで示した3つのポイントは、あくまでも銘柄をさらに選定するための2次条件であることを忘れないでください。

では、引き続き、10選の残りの7銘柄をご紹介していきましょう。

ファンデリー（3137）

会社プロファイル

生活習慣病患者向けなどの健康食の宅配事業を展開。専属の栄養士が、塩分控えめのヘルシー食、タンパク質・カリウム・リンが控えめのタンパク質調整食などを冷凍弁当の形態で顧客に配送している。全国の医療機関、調剤薬局、保健所・介護施設など約1・8万カ所で、生活習慣病患者にカタログ「ミールタイム」「ミールタイムファーマ」などを配布してもらう紹介ネットワークを持つことが強み。（会社四季報オンライン参照。以下銘柄も同様）

✓ここをチェック！

私は身をもって知っている。年々、医食市場における栄養士さんたちの市場価値が高まっていることを。国際見本市・会議で顧問として、「栄養士」の来場希望が増えてきたことに対応し、業界で初めて栄養士さんのVIPバッチを作り、集客強化を数年前から図ってきた。非常に悪い意味で栄養士さんも医療も閉鎖的な業界でもあり、紹介のネットワークがものを言うので、参入障壁は高い。さらにはKDDI、シャープなどとの協業に期待大で、いずれはIoTの医療・食品分野でも同社の名を目にするだろう。

❏ 10倍株の新法則！ 15のチェック・ポイント（3137）

	ポイント	条件	数値・内容
大化け性	①時価総額 (16 年 12 月末)	300 億円以下	69 億円
	②上場／会社設立の経過年	10 年／ 50 年以内	1 年／ 16 年
	③社員の平均年齢若い／平均年収低い	41 歳以下／578 万円以下	28 歳／465 万円
	④主要株主	経営陣がいるか	社長 65%
	⑤特定株／浮動株比率	50%以上／20%以下	79.9%／13.7%
成長性	⑥増収率	予想 7% ／前期 1% 以上	16% ／ 13%
	⑦予想増益率（営利）	7%以上	18%
	⑧予想営業利益率の変化率	マイナス 15%以内	ＯＫ
	⑨来期当期利益増加率	プラス	ＯＫ
	⑩自分目線・成長キーワード	200 年ライフ、医療費削減、栄養士ニーズ増加	
安全性	⑪自己資本比率	30%以上	82%
	⑫ 2 期連続営業 CF ／有利子負債対現金同等物比率	マイナスでない／3.5 以下	ＯＫ／０
割安性	⑬予想 PSR	2.5 倍以下	2.0 倍
	⑭予想 PER	30 倍以下	19.1 倍
	⑮実績 PBR	5 倍以下	4.69 倍
	朝香の総合割安度	2.5 以下	1.48

❑ 決算説明書資料等のここに注目（3137）

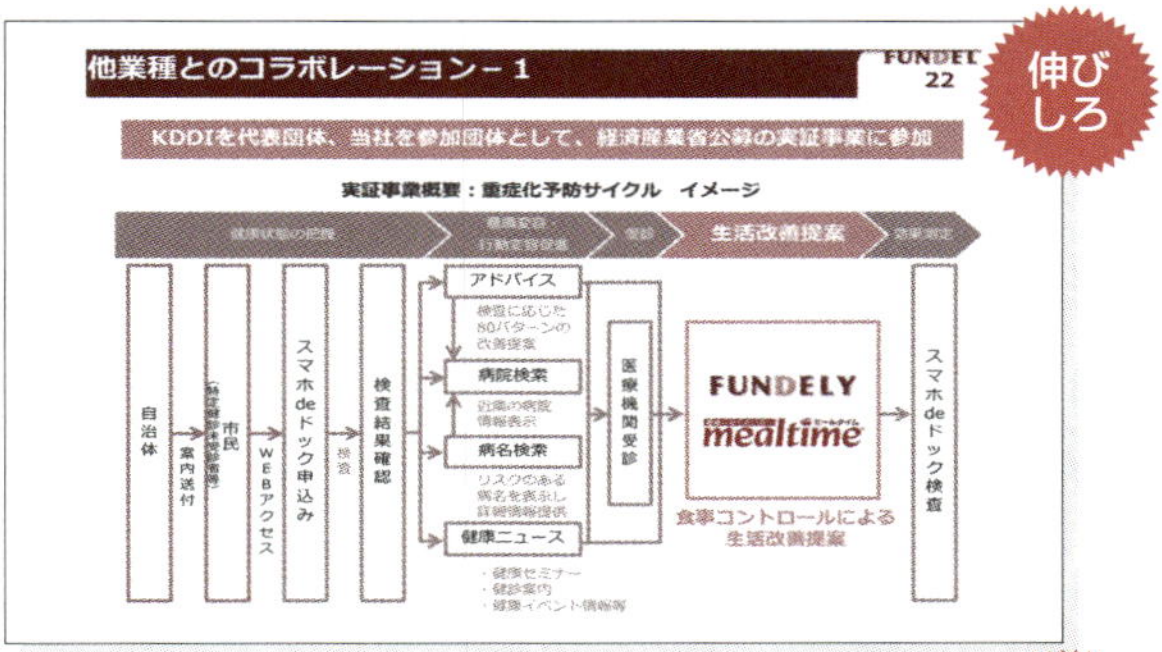

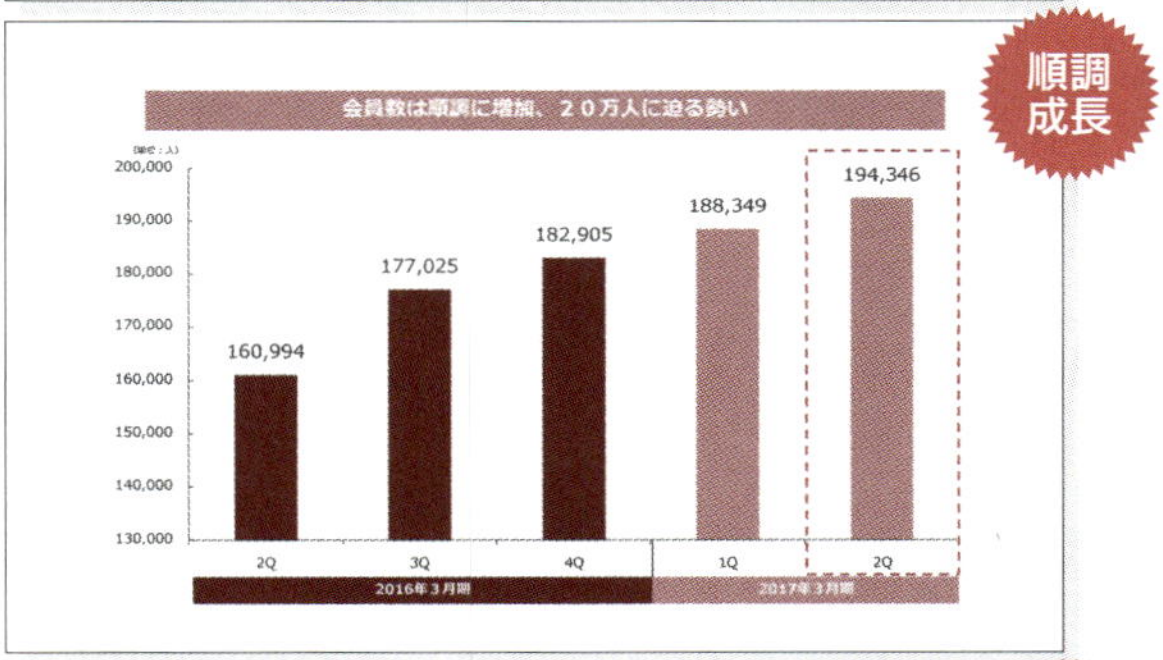

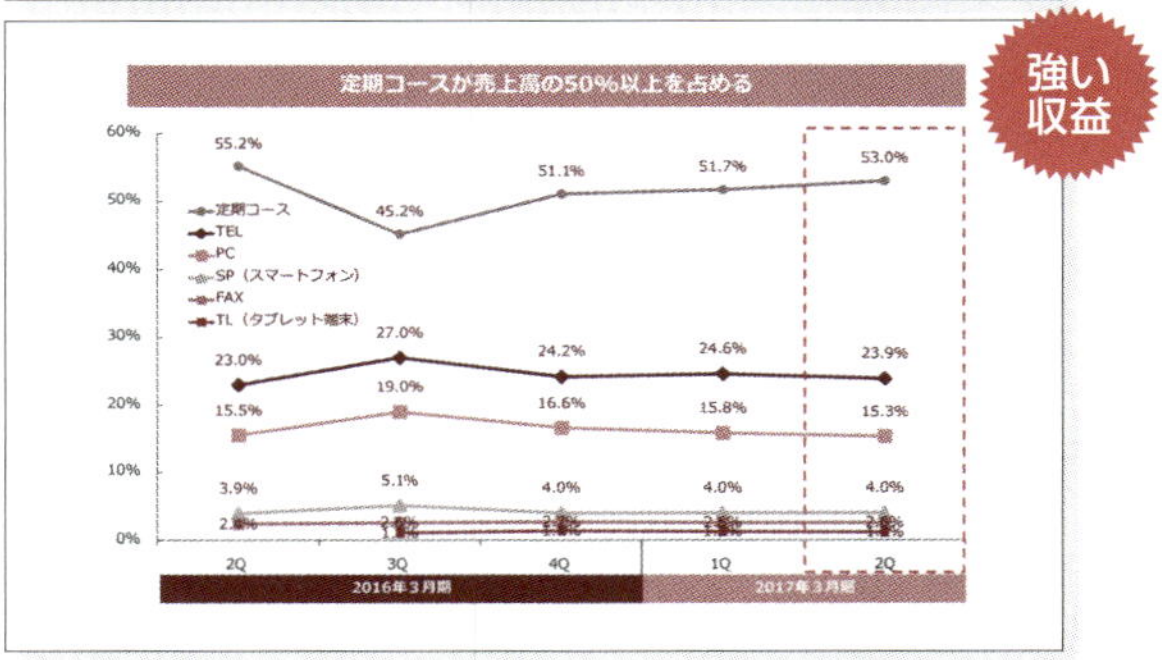

❏ チャート・チェック（3137）

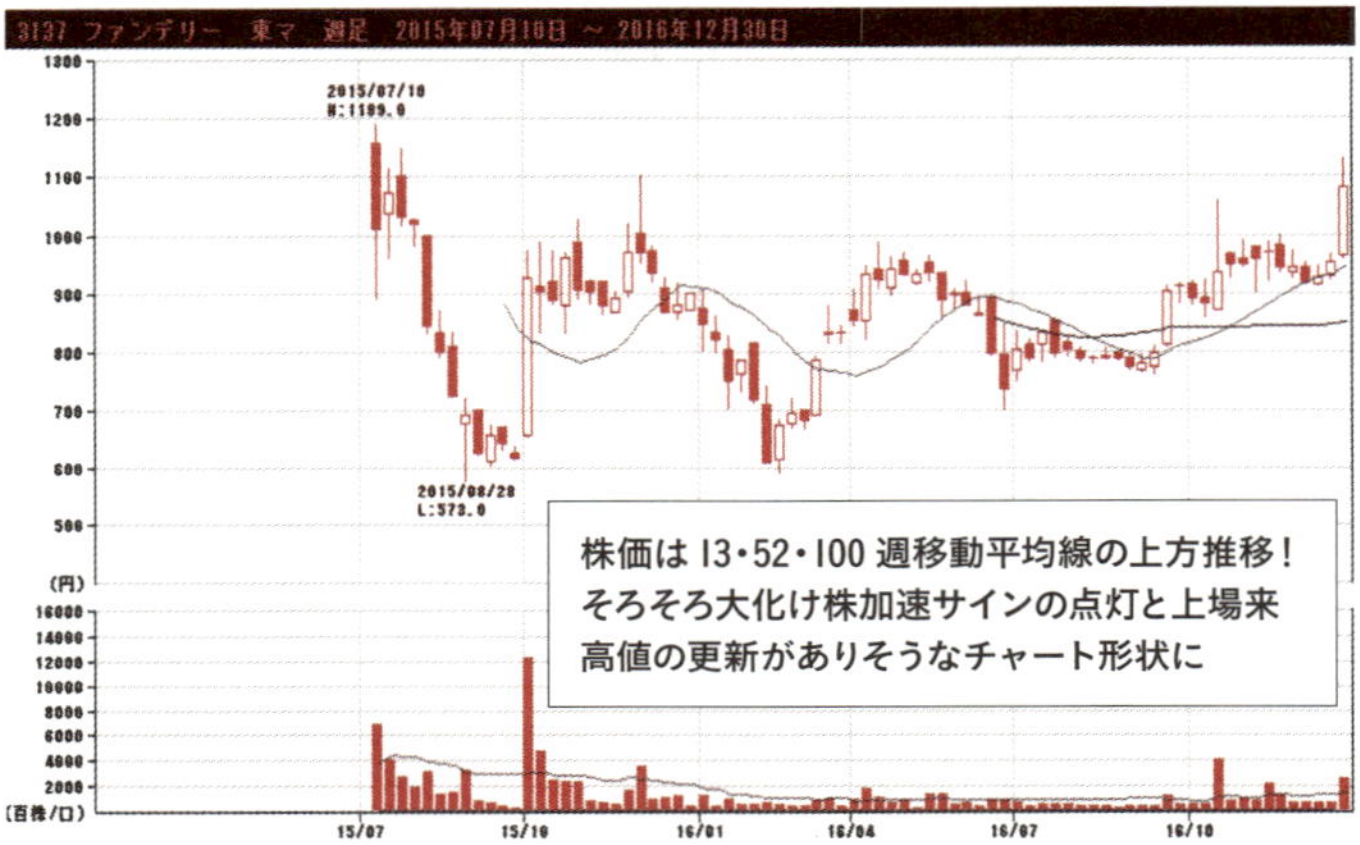

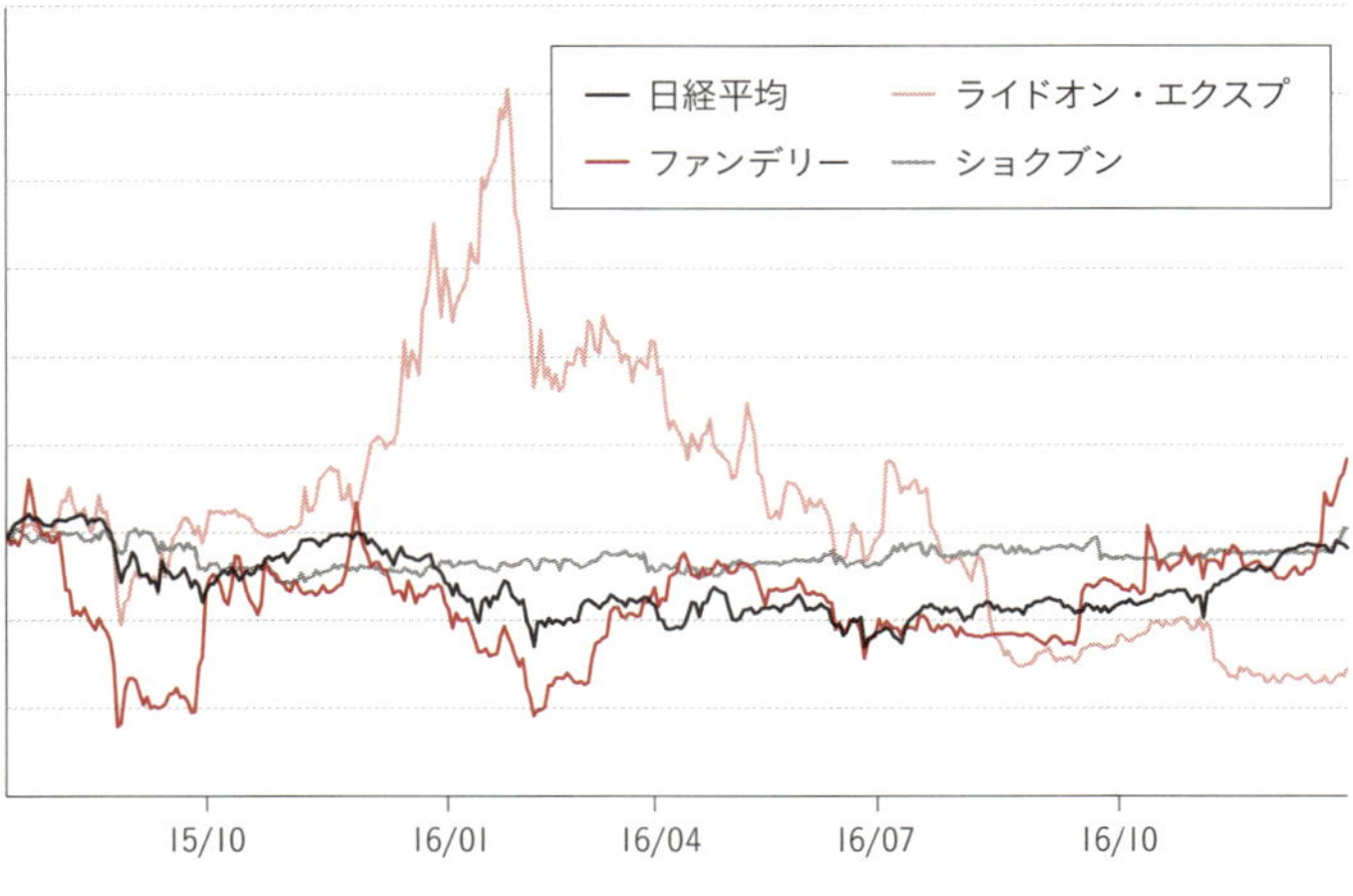

比較会社・日経平均（1年半来）の株価と比べて、いよいよトップに。
アクセル踏むなら最高のタイミングのひとつ！

ビューティーガレージ（3180）

会社プロファイル

理美容室やエステサロン等にマッサージヘッドなど理美容機器やシャンプー、リンスなど業務用化粧品を販売する専門商社。販路は会員事業主20万超のインターネットが主力で、通販カタログ誌、全国10カ所のショールームを通じた対面販売も行っている。商品点数は50万点超で、ＰＢ商品の売上高比率は5割近い。物品以外でも開業支援などのソリューション事業を展開し、将来的な物販の拡大に結びつける戦略だ。

ここをチェック！

最高のタイミングでの紹介。国内は、ロイヤルユーザー（超アクティブ）の売上の伸びが加速し、利幅の取れるＰＢ商品や化粧品の割合が増加している。さらには、歯科向けや接骨院向けなどの横の展開も進んできた。そして何より、香港の国際見本市に初めて出展した点に興奮した。この動きがなかったことがこれまで物足りなかったので、まさに機は熟したと言える。本社は世田谷の郊外にあり、バックヤードを覗きに行ったら整頓されていて好感。社長のアクティブさも同社の成長に寄与するのではないかと思う。

❏ 10倍株の新法則！ 15のチェック・ポイント（3180）

	ポイント	条件	数値・内容
大化け性	①時価総額（16年12月末）	300億円以下	66億円
	②上場／会社設立の経過年	10年／50年以内	3年／13年
	③社員の平均年齢若い／平均年収低い	41歳以下／578万円以下	36歳／452万円
	④主要株主	経営陣がいるか	社長30％
	⑤特定株／浮動株比率	50％以上／20％以下	69.6％／13.6％
成長性	⑥増収率	予想7％／前期1％以上	15.5％／15.4％
	⑦予想増益率（営利）	7％以上	20.1％
	⑧予想営業利益率の変化率	マイナス15％以内	ＯＫ
	⑨来期当期利益増加率	プラス	ＯＫ
	⑩自分目線・成長キーワード	美容は不滅、歯科業界参入、越境アジア	
安全性	⑪自己資本比率	30％以上	52.9％
	⑫２期連続営業CF／有利子負債対現金同等物比率	マイナスでない／3.5以下	ＯＫ／0.24
割安性	⑬予想PSR	2.5倍以下	0.7倍
	⑭予想PER	30倍以下	18.9倍
	⑮実績PBR	5倍以下	3.79倍
	朝香の総合割安度	2.5以下	1.24

❏ 決算説明書資料等のここに注目（3180）

伸びしろ

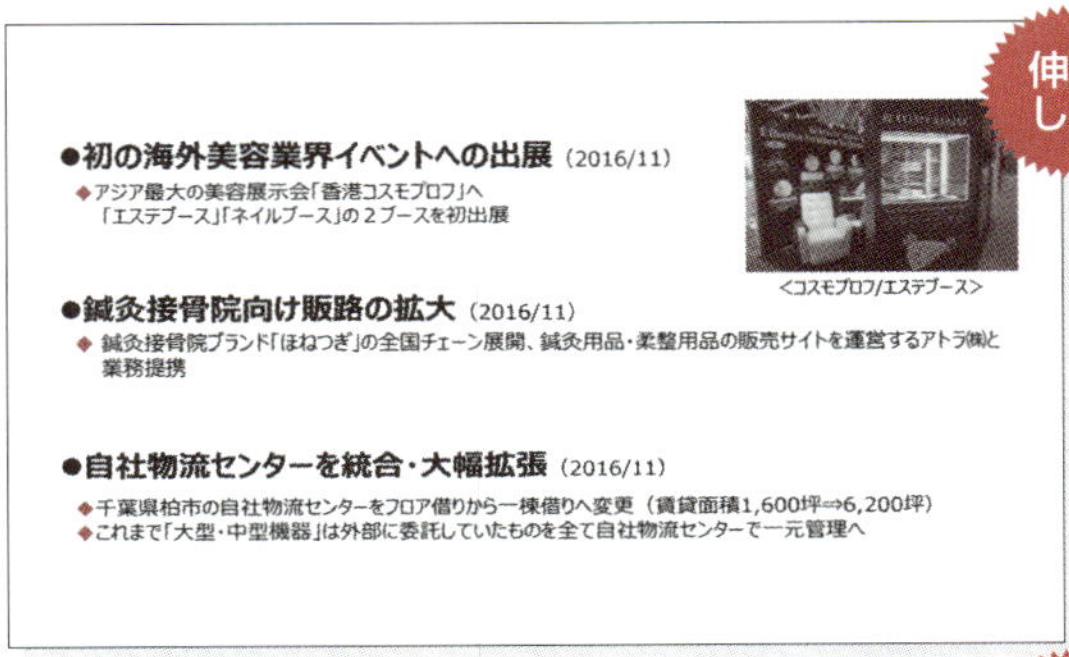
●初の海外美容業界イベントへの出展（2016/11）
◆アジア最大の美容展示会「香港コスモプロフ」へ
「エステブース」「ネイルブース」の２ブースを初出展
<コスモプロフ/エステブース>
●鍼灸接骨院向け販路の拡大（2016/11）
◆鍼灸接骨院ブランド「ほねつぎ」の全国チェーン展開、鍼灸用品・柔整用品の販売サイトを運営するアトラ㈱と業務提携
●自社物流センターを統合・大幅拡張（2016/11）
◆千葉県柏市の自社物流センターをフロア借りから一棟借りへ変更（賃貸面積1,600坪⇒6,200坪）
◆これまで「大型・中型機器」は外部に委託していたものを全て自社物流センターで一元管理へ

順調成長

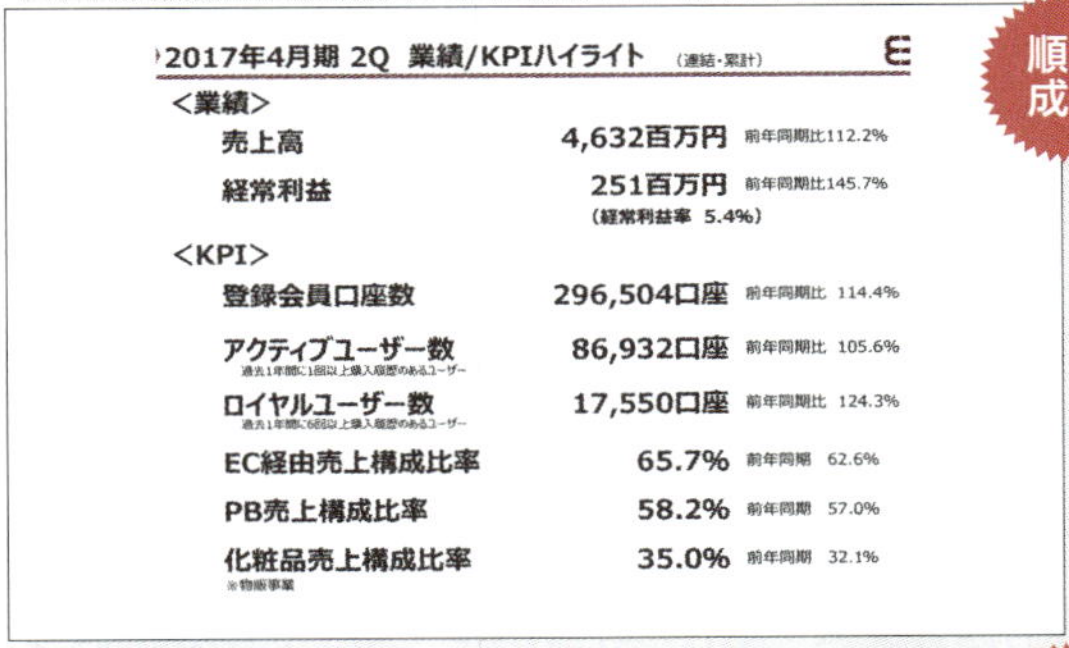
2017年4月期 2Q 業績/KPIハイライト（連結・累計）
<業績>
売上高 4,632百万円 前年同期比112.2%
経常利益 251百万円 前年同期比145.7%
（経常利益率 5.4%）
<KPI>
登録会員口座数 296,504口座 前年同期比 114.4%
アクティブユーザー数 86,932口座 前年同期比 105.6%
ロイヤルユーザー数 17,550口座 前年同期比 124.3%
EC経由売上構成比率 65.7% 前年同期 62.6%
PB売上構成比率 58.2% 前年同期 57.0%
化粧品売上構成比率 35.0% 前年同期 32.1%
※物販事業

強い収益

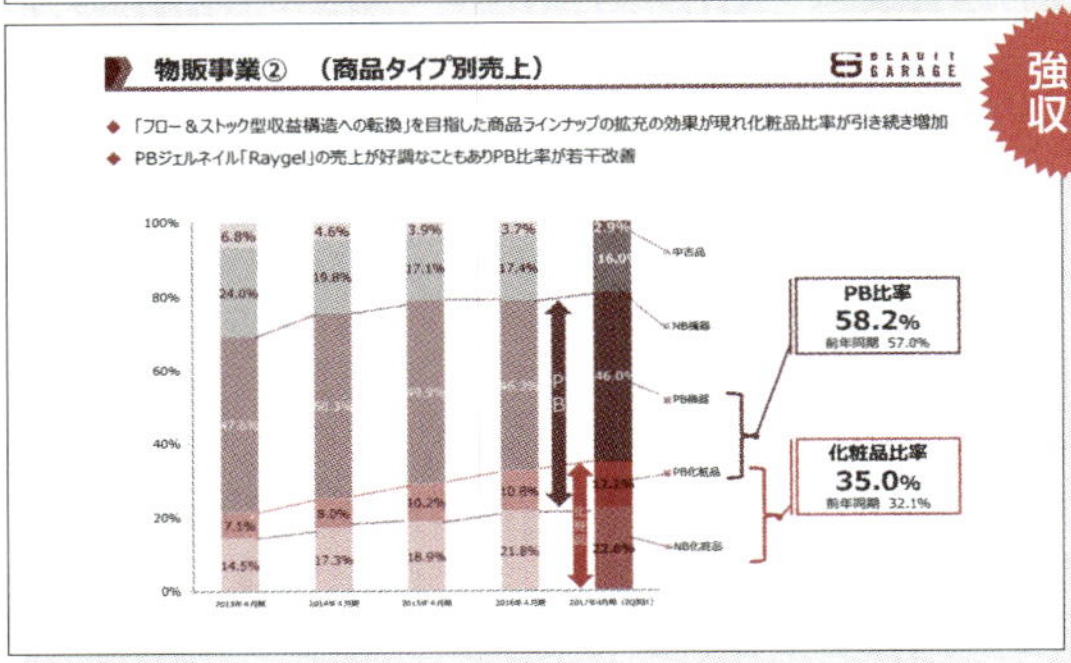
物販事業②（商品タイプ別売上）
BEAUTY GARAGE
◆「フロー＆ストック型収益構造への転換」を目指した商品ラインナップの拡充の効果が現れ化粧品比率が引き続き増加
◆PBジェルネイル「Raygel」の売上が好調なこともありPB比率が若干改善
100%
80%
60%
40%
20%
0%
6.8%
4.6%
3.9%
3.7%
24.0%
19.8%
17.1%
17.4%
16.0%
46.0%
10.2%
10.8%
7.1%
8.0%
14.5%
17.3%
18.9%
21.8%
中古品
NB機器
PB機器
PB化粧品
NB化粧品
PB比率
58.2%
前年同期 57.0%
化粧品比率
35.0%
前年同期 32.1%

❏ チャート・チェック（3180）

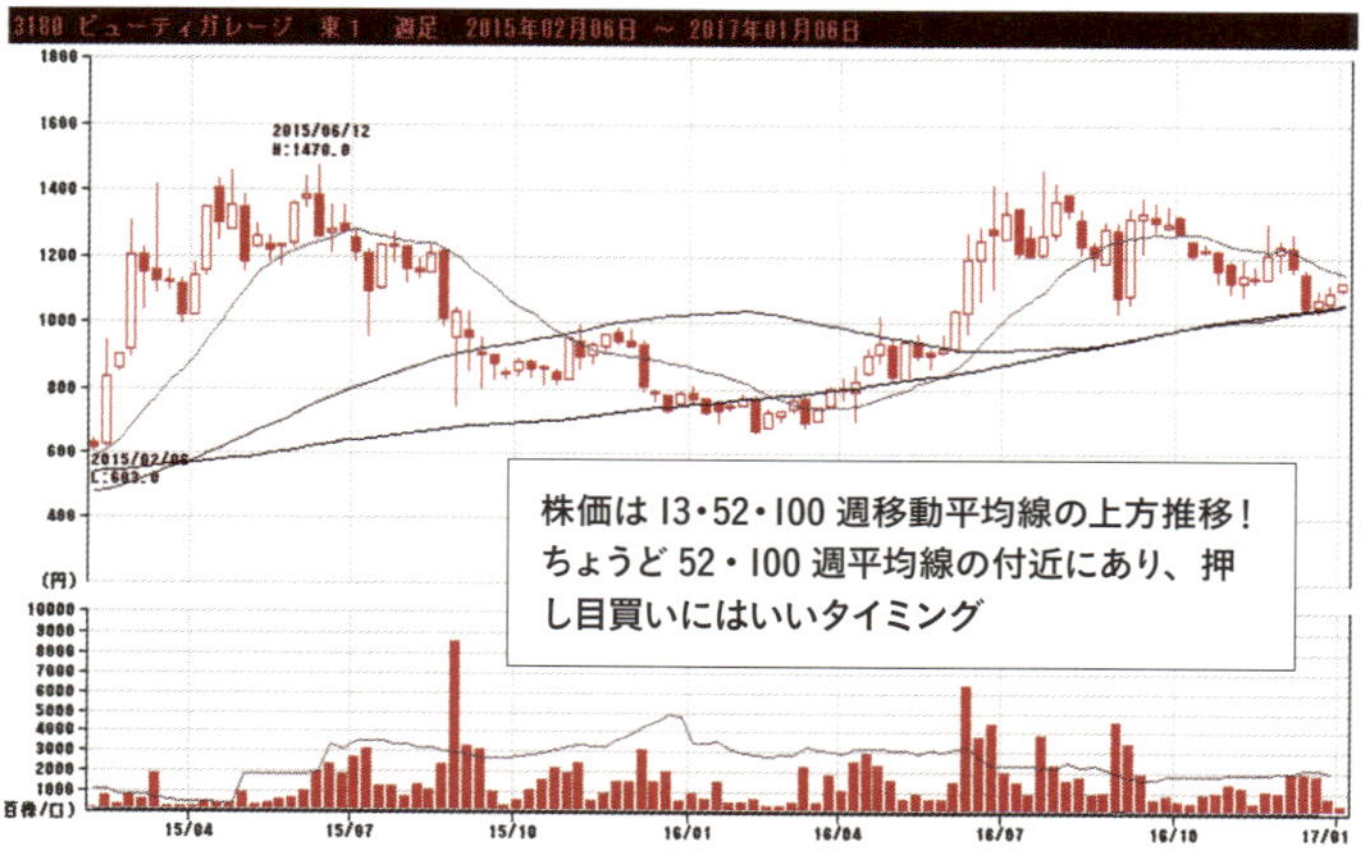

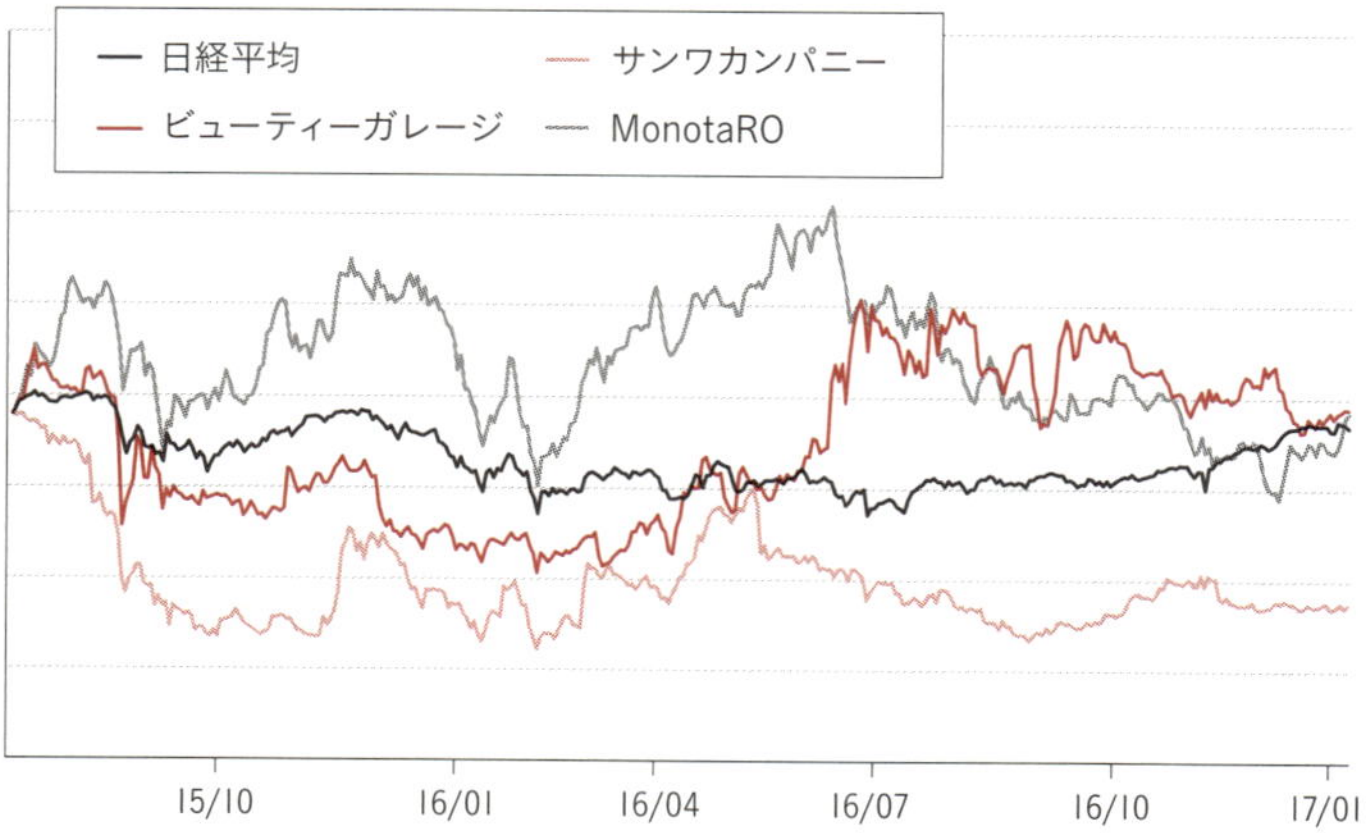

日経平均（1年半来）の株価と同水準で、比較会社と比べてほぼ同1位。週足移動平均との兼ね合いを見ても、打診買いには程よいタイミング。

1479
100

デファクトスタンダード(3545)

会社プロファイル

実店舗を持たずインターネットを通じてバッグ、衣服、時計等のリユース品を買い取り、販売。買い取りは自社ネットで受付、宅配便を利用、販売は自社運営サイト「ブランディアオークション」や他社のオークション、ECサイトで行う。一部商材の卸販売も手掛ける。2000年に創業者の個人事業としてオークション販売を開始。04年当社設立、06年宅配買取サイトを取得し、リユース事業を開始。15年に伊藤忠商事と業務資本提携。

✓ここをチェック!

主力のブランディアは、今後その認知度の向上を背景に宣伝費を抑えて、利益率を大幅に上昇させるようで、市場でそれが認識されれば出遅れた株価もまずは2倍を目指すのでは。収益モデルもデータベース・システムを活用し、アルバイトやアウトソースでも査定ができ、儲けのしくみは強そうだ。断捨離や時間のない人のリユース利用、セカンドブランドというニッチも時代の風に乗る。実際、使ってみたが、使い勝手も良かった。

❏ 10倍株の新法則！ 15のチェック・ポイント（3545）

	ポイント	条件	数値・内容
大化け性	①時価総額（16年12月末）	300億円以下	61億円
	②上場／会社設立の経過年	10年／50年以内	1年／12年
	③社員の平均年齢若い／平均年収低い	41歳以下／578万円以下	33歳／426万円
	④主要株主	経営陣がいるか	社長5.6%／筆頭のBeenosは私の注目株
	⑤特定株／浮動株比率	50%以上／20%以下	79.8%／14.7%
成長性	⑥増収率	予想7%／前期1%以上	14.2%／11.6%
	⑦予想増益率（営利）	7%以上	29.9%
	⑧予想営業利益率の変化率	マイナス15%以内	ＯＫ
	⑨来期当期利益増加率	プラス	ＯＫ
	⑩自分目線・成長キーワード	断捨離、続くデフレ、手軽なＥＣ、エコ志向	
安全性	⑪自己資本比率	30%以上	81.7%
	⑫２期連続営業CF／有利子負債対現金同等物比率	マイナスでない／3.5以下	ＯＫ／0
割安性	⑬予想PSR	2.5倍以下	0.6倍
	⑭予想PER	30倍以下	21.2倍
	⑮実績PBR	5倍以下	1.97倍
	朝香の総合割安度	2.5以下	0.66

❑ 決算説明書資料等のここに注目（3545）

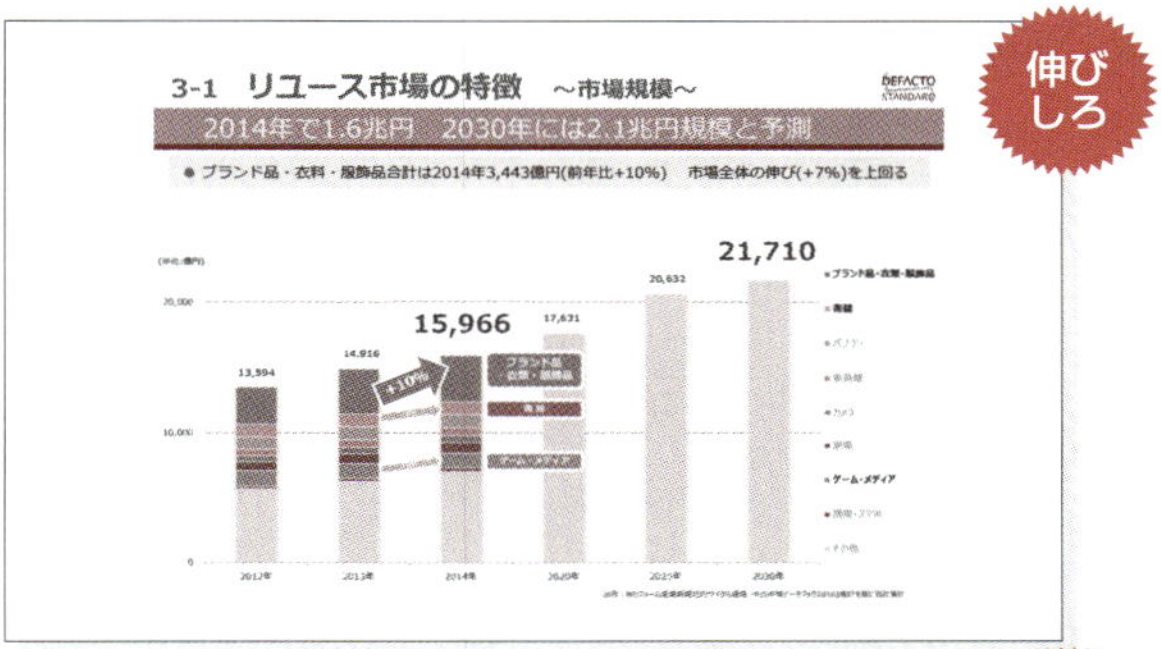

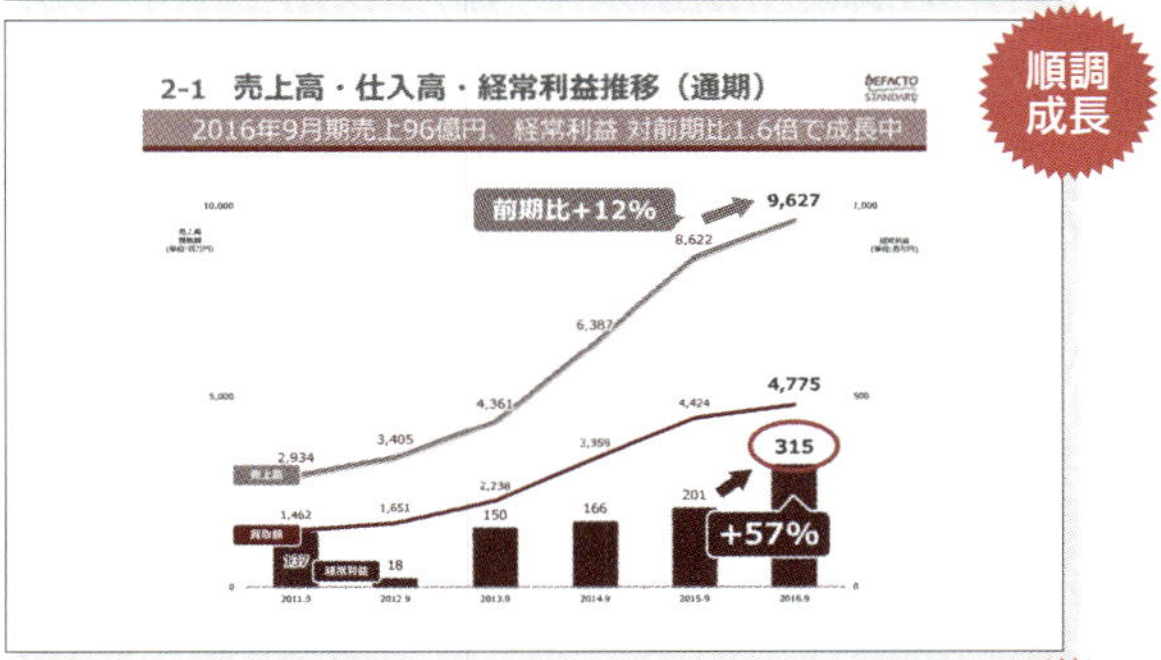

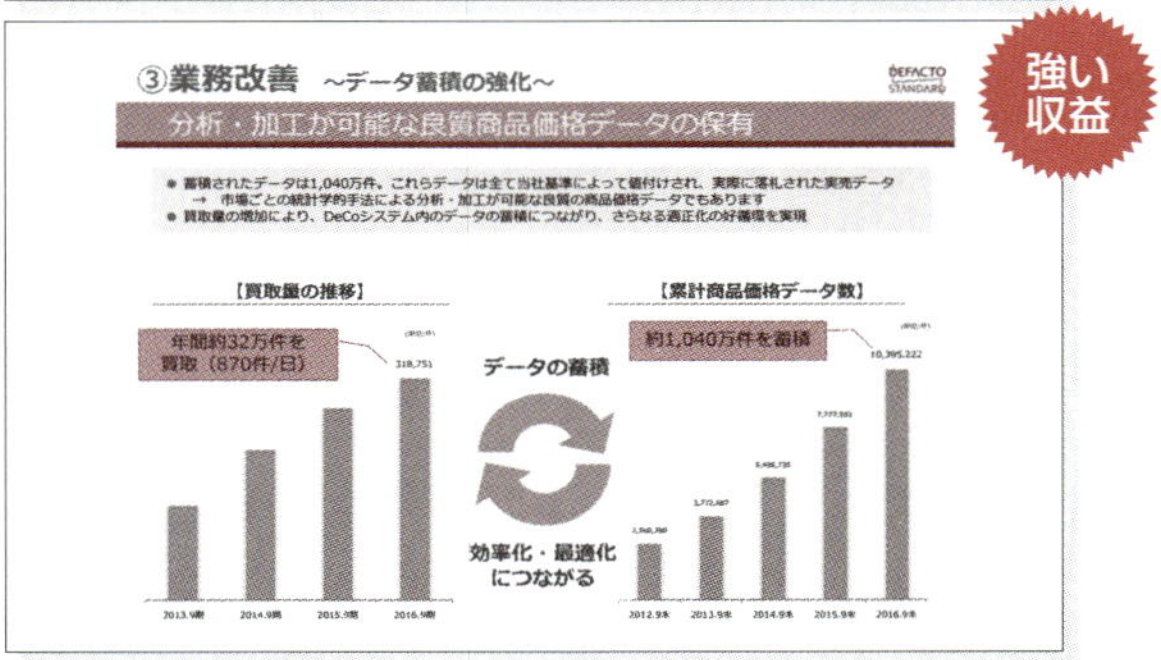

❑ チャート・チェック（3545）

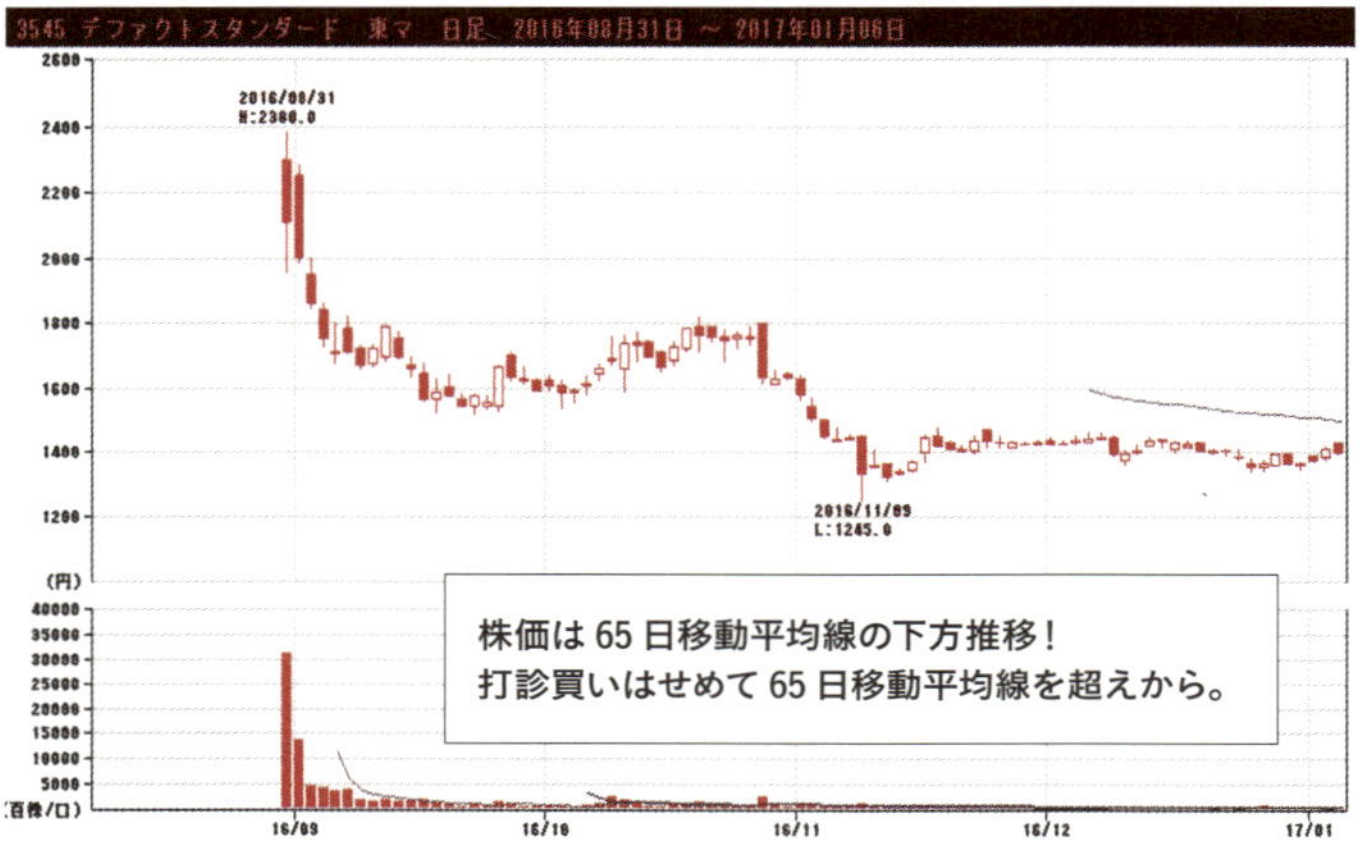

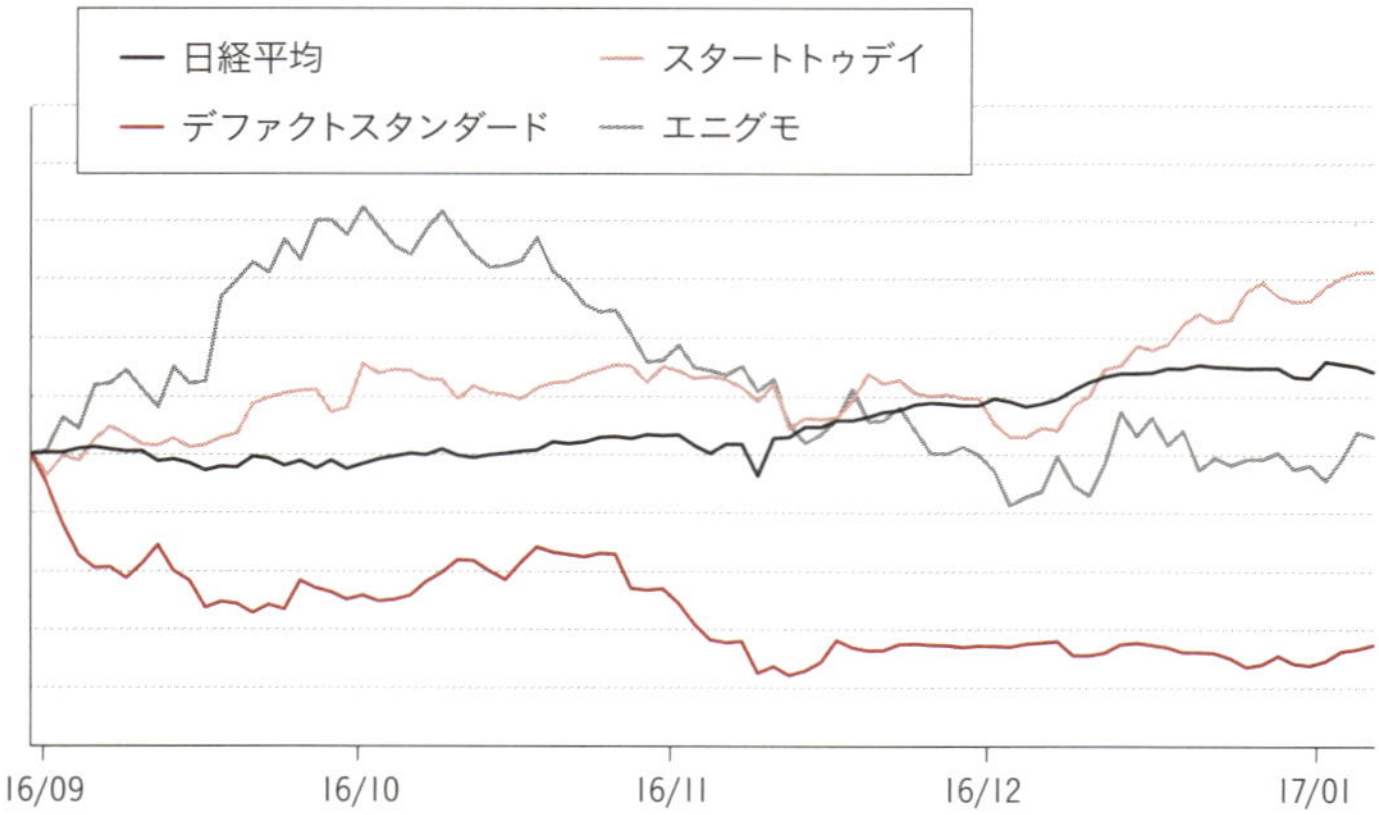

比較会社・日経平均（1 年半来）の株価よりかなり出遅れている。
おそらく会社の成長性が評価されていないため。
会社の計画通りの利益率向上が見えてくれば、この状況も好転するだろう。

エラン（6099）

会社プロファイル

入院患者や介護老人保健施設・特別養護老人ホームなど介護施設入所者を対象に、衣類やタオル類の洗濯サービス付きレンタルや日常生活用品販売などを手掛ける。1995年設立。リネンサプライ業者から提携施設を通じ利用者に提供するシステムで、エランが利用料金を徴収し、リネンサプライ業者へは洗濯代金等を支払う。利用料金は入院・入所日数で計算する点に特徴。支店展開は全国的。

✓ここをチェック！

入院患者や介護施設入所者の世話をしなければならない家族にとって、これはありがたいサービスではないだろうか。同社によれば、病院側の時間と労力も同社のサービスで半減すると言い、今後の普及が楽しみである。成長ステージとしても、決算書にある通り、まだ顧客開拓率は数%で伸びしろは十分。また、事業のストック性も高く、成長に応じて利益が向上していくことも株価の上昇要因。主婦の所得控除の枠が見直され、ますます主婦も忙しくなる昨今、地味に時代のニーズをとらえて成長していきそうだ。

2562

100

❏ 10倍株の新法則！ 15のチェック・ポイント(6099)

	ポイント	条件	数値・内容
大化け性	①時価総額 (16年12月末)	300億円以下	94億円
	②上場／会社設立の経過年	10年／50年以内	2年／21年
	③社員の平均年齢若い／平均年収低い	41歳以下／578万円以下	30歳／504万円
	④主要株主	経営陣がいるか	社長29.3%
	⑤特定株／浮動株比率	50%以上／20%以下	75.8%／13.3%
成長性	⑥増収率	予想7%／前期1%以上	24.2%／20.7%
	⑦予想増益率（営利）	7%以上	15.6%
	⑧予想営業利益率の変化率	マイナス15%以内	ＯＫ
	⑨来期当期利益増加率	プラス	ＯＫ
	⑩自分目線・成長キーワード	所得控除枠拡大で女性の働く時間増、アウトソース	
安全性	⑪自己資本比率	30%以上	57.1%
	⑫ 2期連続営業CF／有利子負債対現金同等物比率	マイナスでない／3.5以下	ＯＫ／0
割安性	⑬予想PSR	2.5倍以下	0.8倍
	⑭予想PER	30倍以下	22倍
	⑮実績PBR	5倍以下	3.85倍
	朝香の総合割安度	2.5以下	0.78

❏ 決算説明書資料等のここに注目(6099)

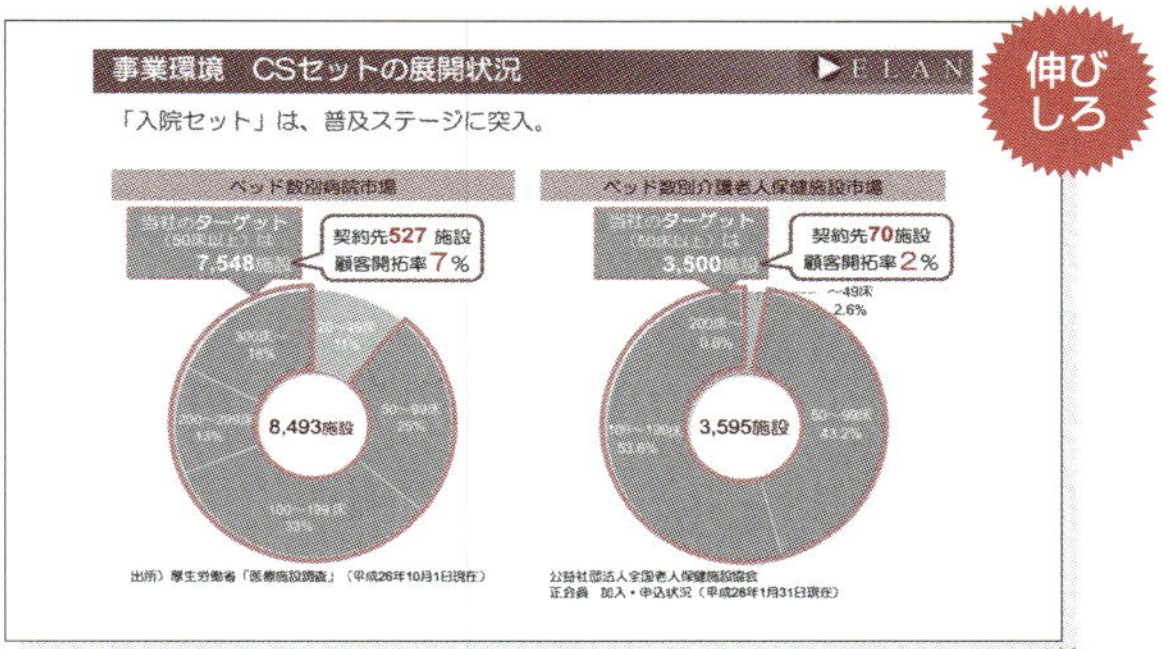

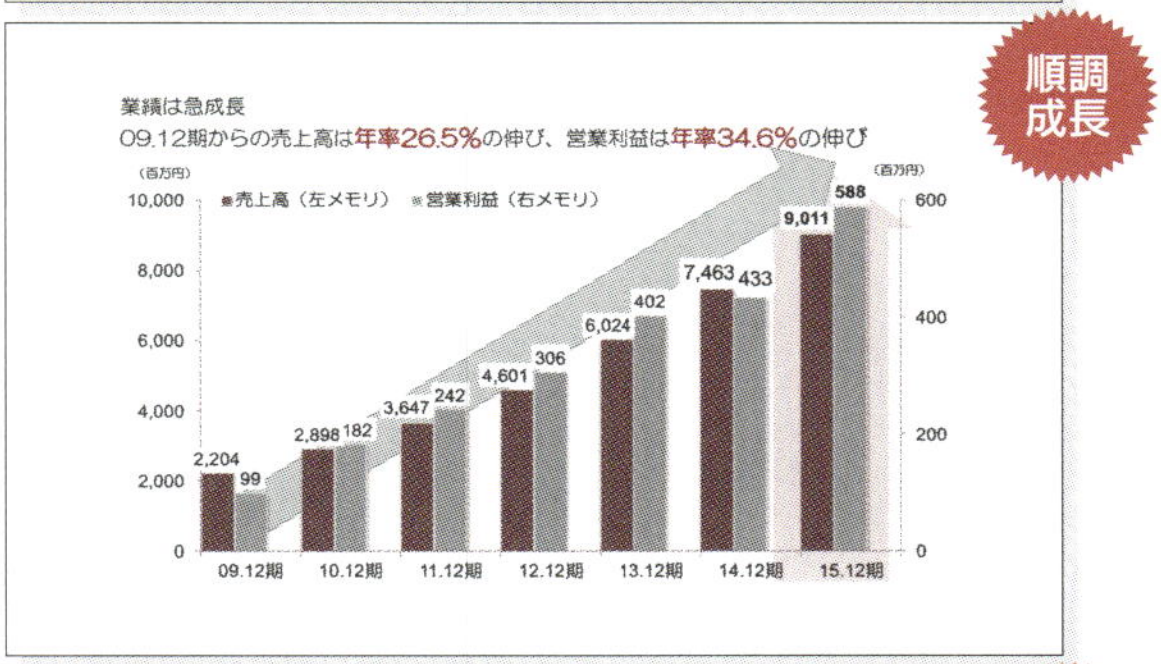

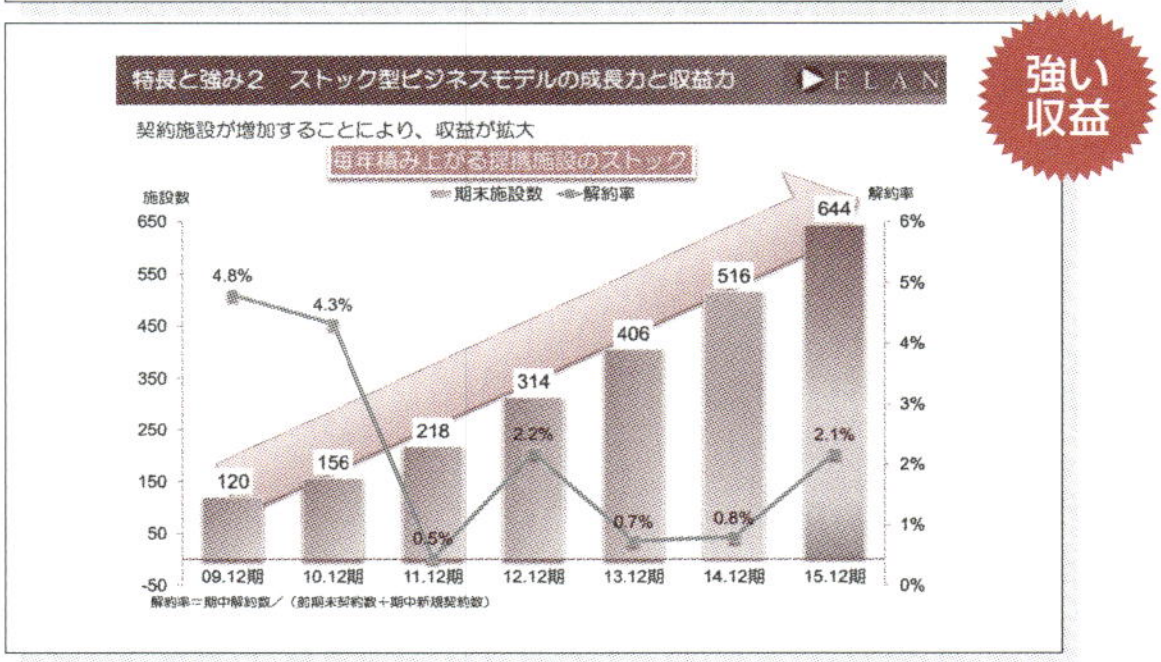

❑ チャート・チェック（6099）

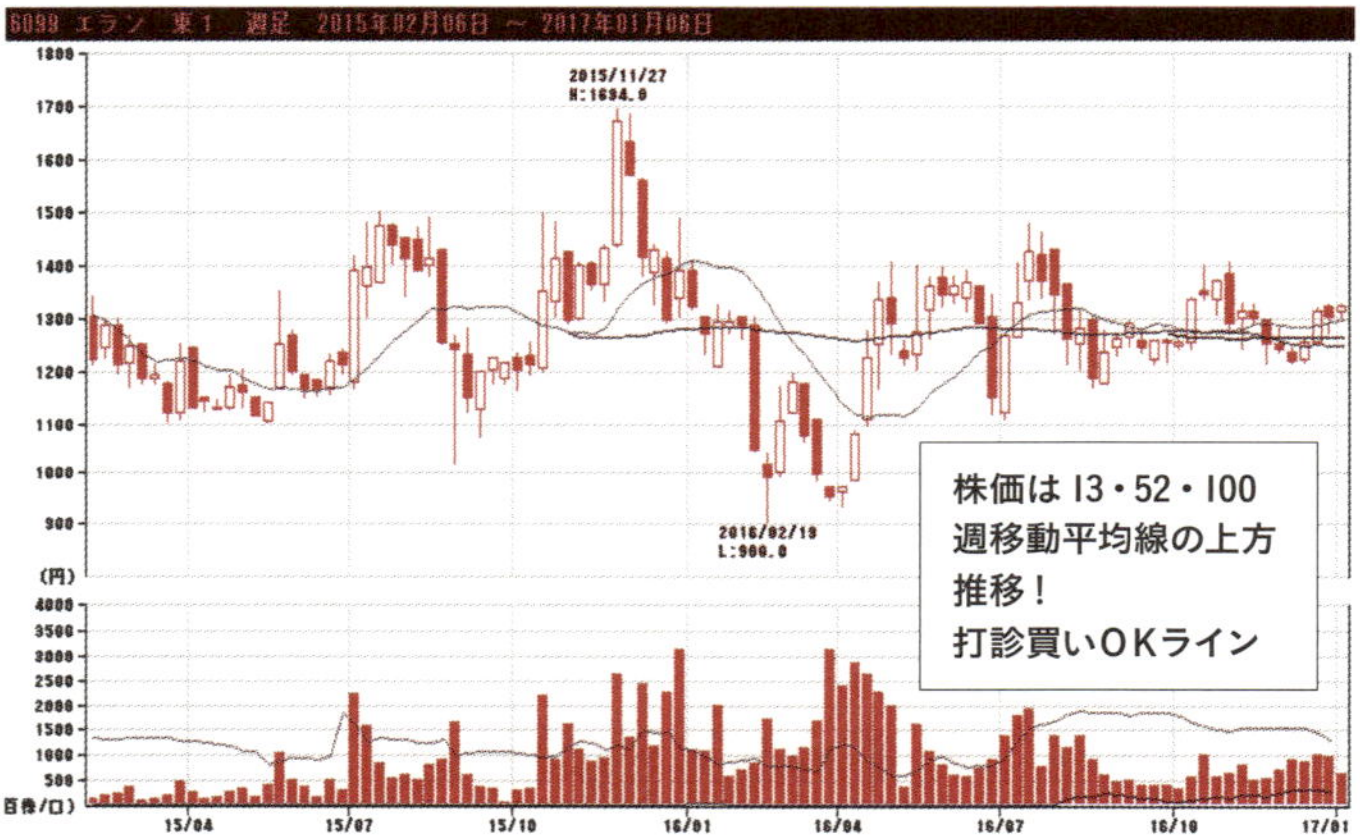

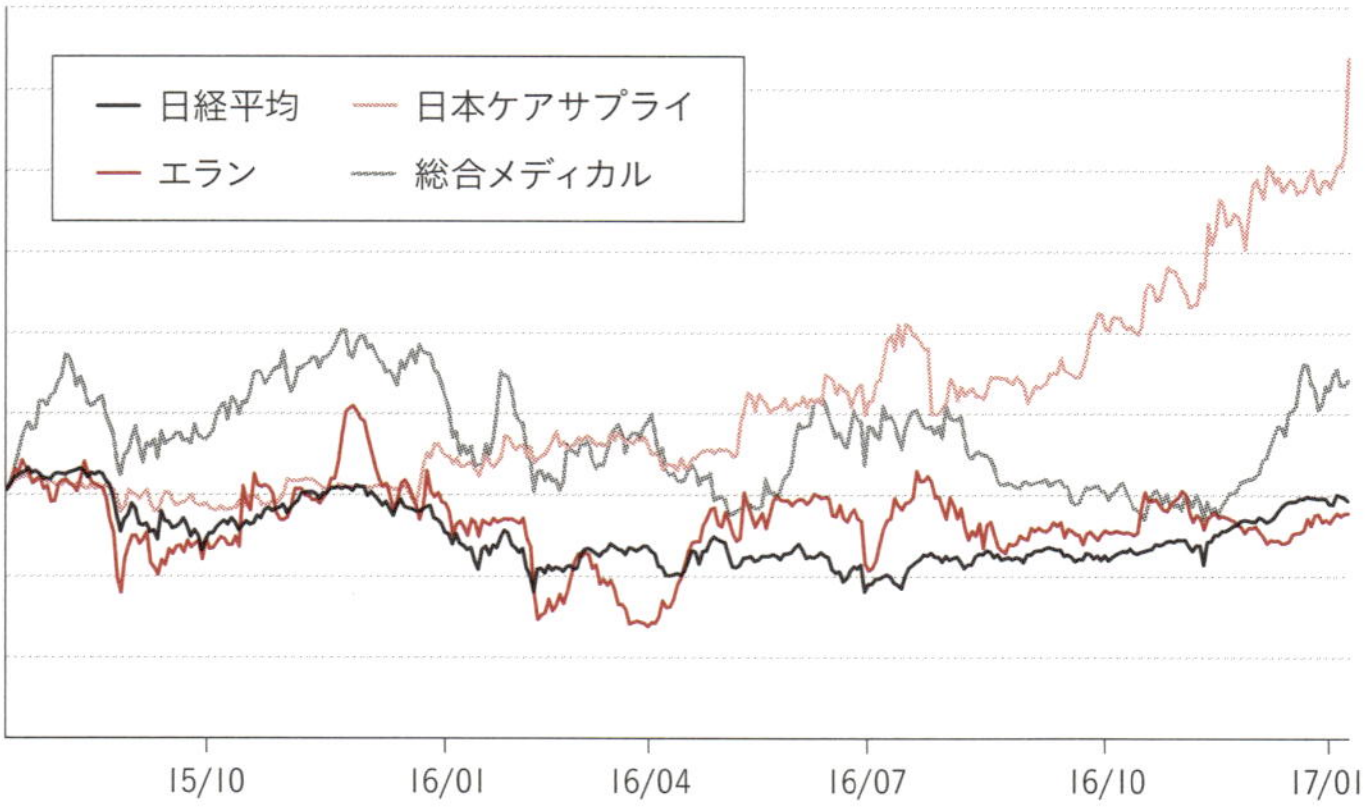

比較会社・日経平均（1年半来）の株価と比べて最もモメンタムが低く、まだ株価に勢いがない。
買うなら打診買いで様子見か。

3455

エスティック（6161）

会社プロファイル

ナットランナ（ネジ締め付け機）国内首位級。太陽鉄工から1993年独立。自動車向けが主体で大型装置、大型装置に組み込む標準品、手持ちのハンディ品の三本柱。

いずれも高精度のパルス式電動品で、競合他社の空圧品と差別化。特にハンディ品はトヨタ向けを開拓。欧米でも基本特許取得。上海に合併工場を2012年に設立し中国市場無目に供給。12年にタイ、14年に米国に販社設立。16年2月、本社近くにネジ締め機器の組立工場を新設。

ここをチェック！

14年に米国販社設立の同社は、トランプ新大統領の政策のもとで恩恵を受ける可能性がある。さらには、同社によると、自動車メーカーの工場がインドにまだ少ないために、インドの売上はスポット的ということだが、足がかりをすでに作っている点を評価したい。前著の通り、インドの製造業バブルが来るからだ。また、電導ハンド式は差別化ができているうえ、EVメイン時代でも売上の急減などはないようだ。（IR談）

❑ 10倍株の新法則！ 15のチェック・ポイント（6161）

	ポイント	条件	数値・内容
大化け性	①時価総額（16年12月末）	300億円以下	78億円
	②上場／会社設立の経過年	10年／50年以内	10年／23年
	③社員の平均年齢若い／平均年収低い	41歳以下／578万円以下	39.3歳／550万円
	④主要株主	経営陣がいるか	社長16.8%
	⑤特定株／浮動株比率	50%以上／20%以下	73.7%／19.2%
成長性	⑥増収率	予想7%／前期1%以上	11.9%／23%
	⑦予想増益率（営利）	7%以上	35.7%
	⑧予想営業利益率の変化率	マイナス15%以内	ＯＫ
	⑨来期当期利益増加率	プラス	ＯＫ
	⑩自分目線・成長キーワード	米国の製造業回帰、インドへの初動	
安全性	⑪自己資本比率	30%以上	87.3%
	⑫2期連続営業CF／有利子負債対現金同等物比率	マイナスでない／3.5以下	ＯＫ／0
割安性	⑬予想PSR	2.5倍以下	1.8倍
	⑭予想PER	30倍以下	12.8倍
	⑮実績PBR	5倍以下	1.65倍
	朝香の総合割安度	2.5以下	1.6

❏ 決算説明書資料等のここに注目（6161）

伸びしろ

国別連結売上高

地域	2016年3月期2Q 金額（百万円）	2016年3月期2Q 構成比（%）	2017年3月期2Q 金額（百万円）	2017年3月期2Q 構成比（%）	前年同期比 増減額（百万円）	前年同期比 増減率（%）	主な増減理由
国内計	795	45.6	1,041	47.5	246	31.0	ハンド、ナットランナ 増
海外計	948	54.4	1,150	52.5	202	21.3	ハンド 増 ナットランナ、プレス 減
アメリカ	307		423		115	37.7	ハンド 大幅増 装置 減
中国	188		298		110	58.5	ハンド、ナットランナ 増
インド	6		82		75	1183.8	装置 増
タイ	98		71		△ 26	-27.4	ハンド 増 ナットランナ 減
韓国	97		44		△ 52	-53.9	ナットランナ 減
イタリア	18		32		13	69.0	ハンド 増
その他地域	231		197		△ 33	-14.6	
合計	1,743	100	2,192	100	448	25.7	

順調成長

【業績】	売上高	営業利益	経常利益	利益	1株益(円)	1株配(円)
単12.3*	2,477	491	503	285	209.9	45
単13.3*	2,497	455	517	292	215.3	50記
単14.3	2,733	506	526	318	233.9	50
単15.3	2,906	564	620	370	272.8	55
連16.3	3,573	641	695	458	337.2	70
連17.3*予	4,000	870	840	570	419.2	*85
連18.3*予	4,500	950	940	620	456.0	*85～90
中16.9	2,192	540	503	341	251.4	0
中17.9*予	2,300	570	570	380	279.5	0
会17.3予	4,000	872	843	567	-	(16.10.24)

強い収益

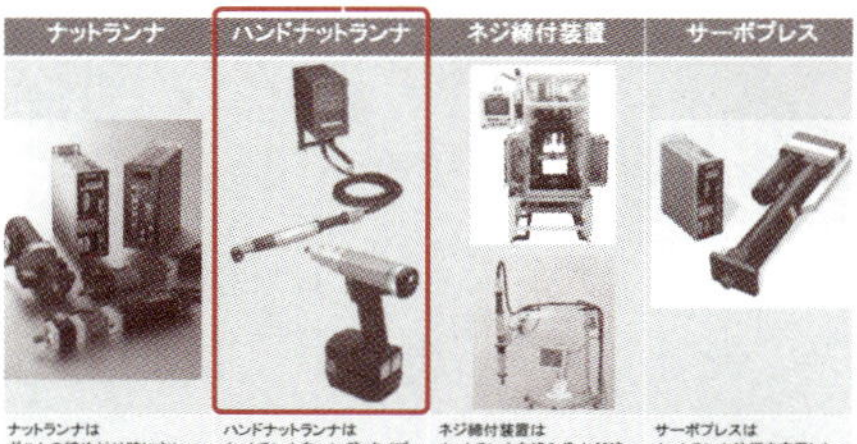

ナットランナは
ボルトの締め付け時において、トルク、角度、時間などをコンピュータ制御することにより高精度締付をおこない、あらゆる環境下でも緩みのないネジ締付けを実現します。

ハンドナットランナは
ナットランナをハンディタイプにした締付工具で、当社特許技術であるパルス制御で、締め付け時に作業者にかかる反力の軽減を実現し、高精度締付と作業性の向上を実現した工具です。

ネジ締付装置は
ナットランナを組み込んだ締付設備で、ユーザーニーズにより設計製作したオーダーメイドの設備です。
またハンドナットランナを組み込んだ簡易的な締付設備であるトレーサアームも含みます。

サーボプレスは
ナットランナ技術を応用した、荷重制御、距離制御に優れた高速、高精度圧入機です。

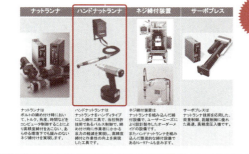

❑ チャート・チェック（6161）

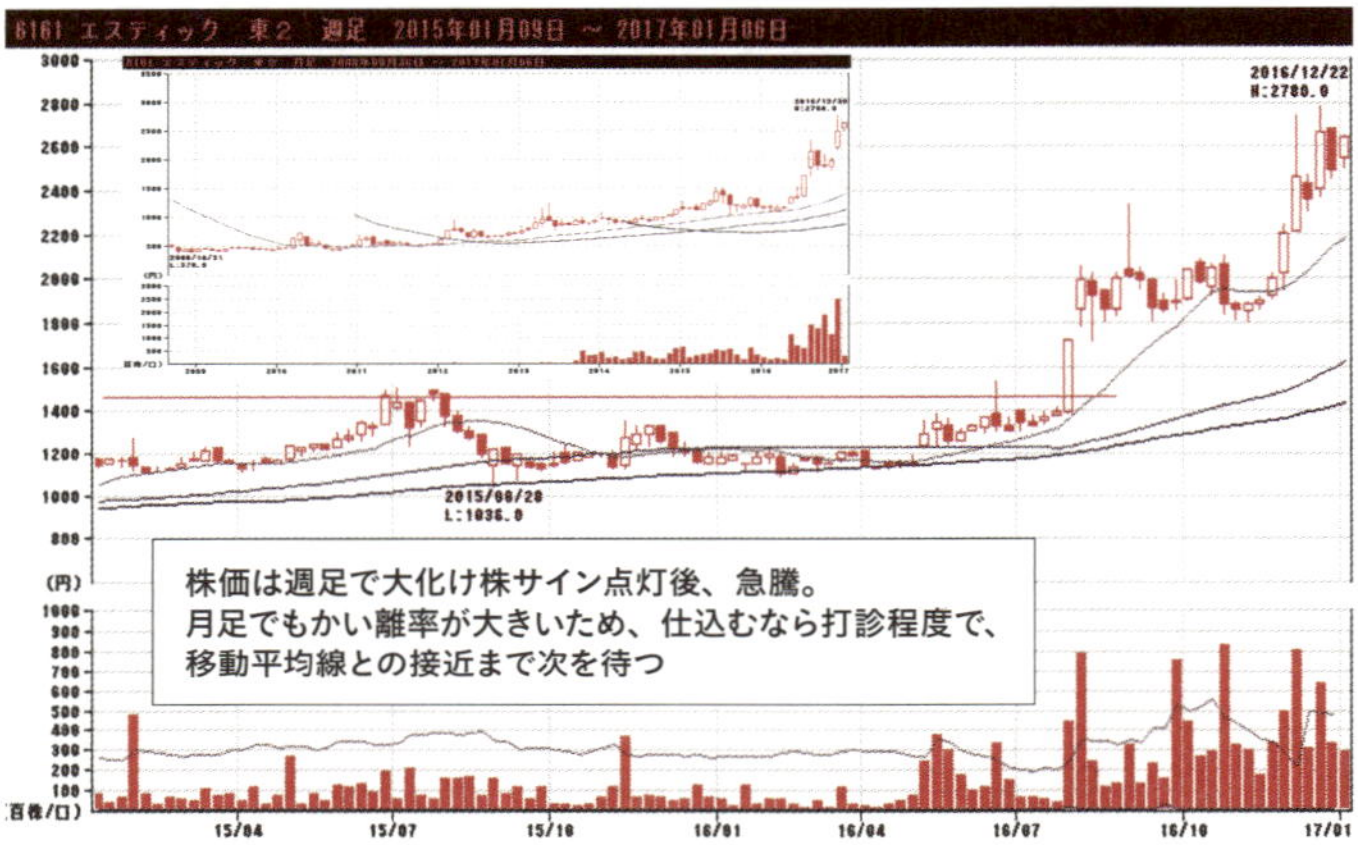

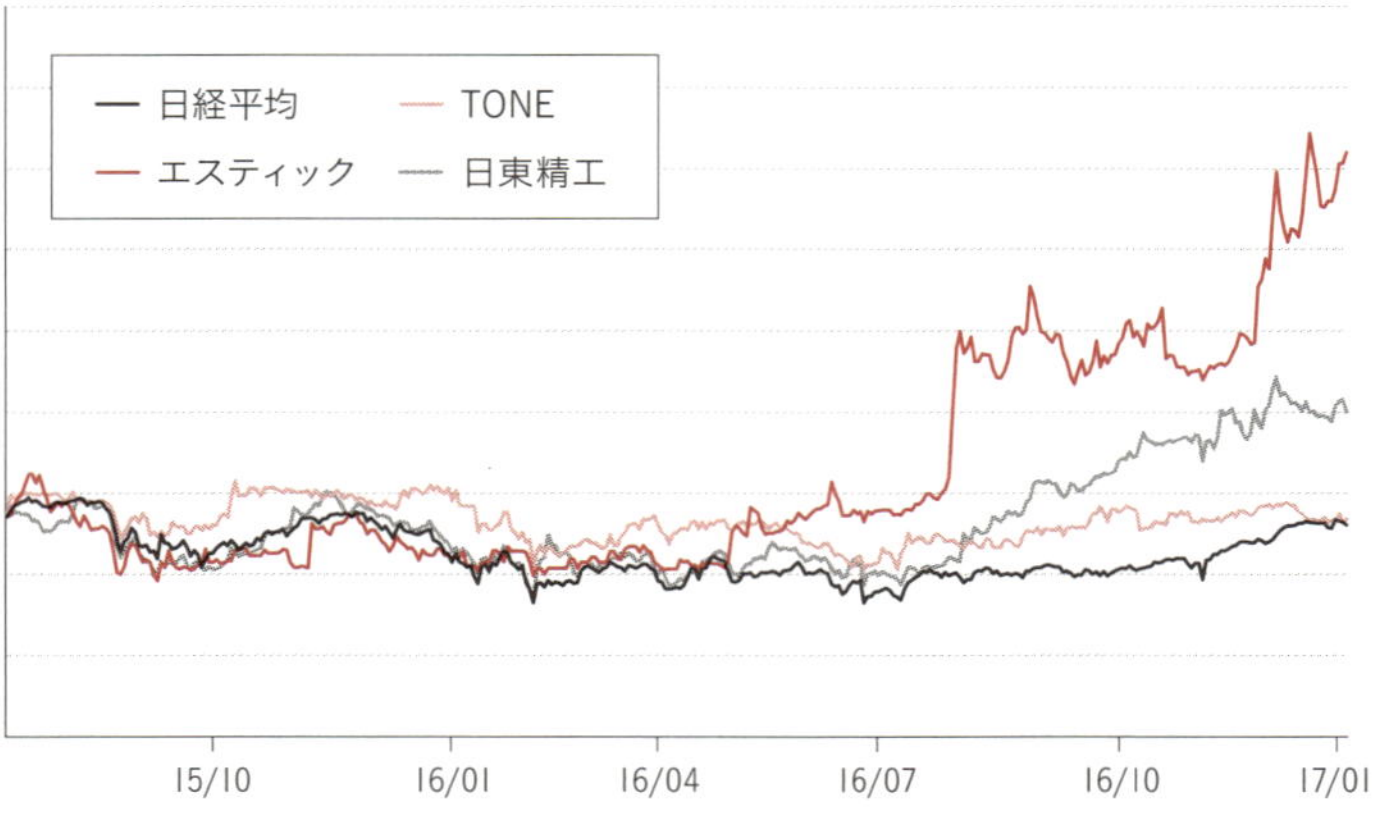

比較会社・日経平均（1年半来）の株価と比べて最もモメンタムが良い。ファンダメンタル的にも高くはないので、触手を伸ばして、その後の押し目を待つのが良いかと思う。

GMOメディア（6180）

会社プロファイル

ＧＭＯインターネット子会社。イスラエルの技術を使ったＰＣデスクトップへのメッセージ配信からスタート。ポイントサイト「ポイントタウン」が主力で、ほかにも着こなし情報発信アプリ、ブログサービス、壁紙・歌詞情報発信サイトなどへのメディア事業の運営を通じ広告主サイト等へ総客するビジネスモデルが柱。２０１５年８月末のメディア数は11、登録会員数は１９３３万人を数える。一部サイトは台湾、ベトナムなどアジア展開も。

ここをチェック！

仮想通貨、ビットコインのもとになるポイントサイトには以前の著書にて注目をしたことがあり、同社の競合のセレスや非上場の方がサイト力があると思っているため、株価の低迷は理解できる。ただ、ポイントサイト市場全体の伸びに乗っている点、インスタグラムの庶民版のようなものを新たに始めた点、何よりＧＭＯグループのアジア展開に注目しているので、同社もベトナムや台湾でおこぼれがあるのではと考え、選定した。

❏ 10倍株の新法則！ 15のチェック・ポイント（6180）

	ポイント	条件	数値・内容
大化け性	①時価総額 (16 年 12 月末)	300 億円以下	58 億円
	②上場／会社設立の経過年	10 年／ 50 年以内	1 年／ 16 年
	③社員の平均年齢若い／平均年収低い	41 歳以下／578万円以下	33 歳／492 万円
	④主要株主	経営陣がいるか	社長 3.2%
	⑤特定株／浮動株比率	50%以上／20%以下	78.7%／17.7%
成長性	⑥増収率	予想 7% ／前期 1% 以上	29.7%／15.9%
	⑦予想増益率（営利）	7% 以上	17.4%
	⑧予想営業利益率の変化率	マイナス 15%以内	ＯＫ
	⑨来期当期利益増加率	プラス	ＯＫ
	⑩自分目線・成長キーワード	フィンテック、副業、Instagramの補完、親日アジア圏	
安全性	⑪自己資本比率	30%以上	60.2%
	⑫ 2 期連続営業 CF ／有利子負債対現金同等物比率	マイナスでない／3.5 以下	ＯＫ／ 0
割安性	⑬予想 PSR	2.5 倍以下	1.2 倍
	⑭予想 PER	30 倍以下	22.5 倍
	⑮実績 PBR	5 倍以下	2.6 倍
	朝香の総合割安度	2.5 以下	0.76

❑ 決算説明書資料等のここに注目 (6180)

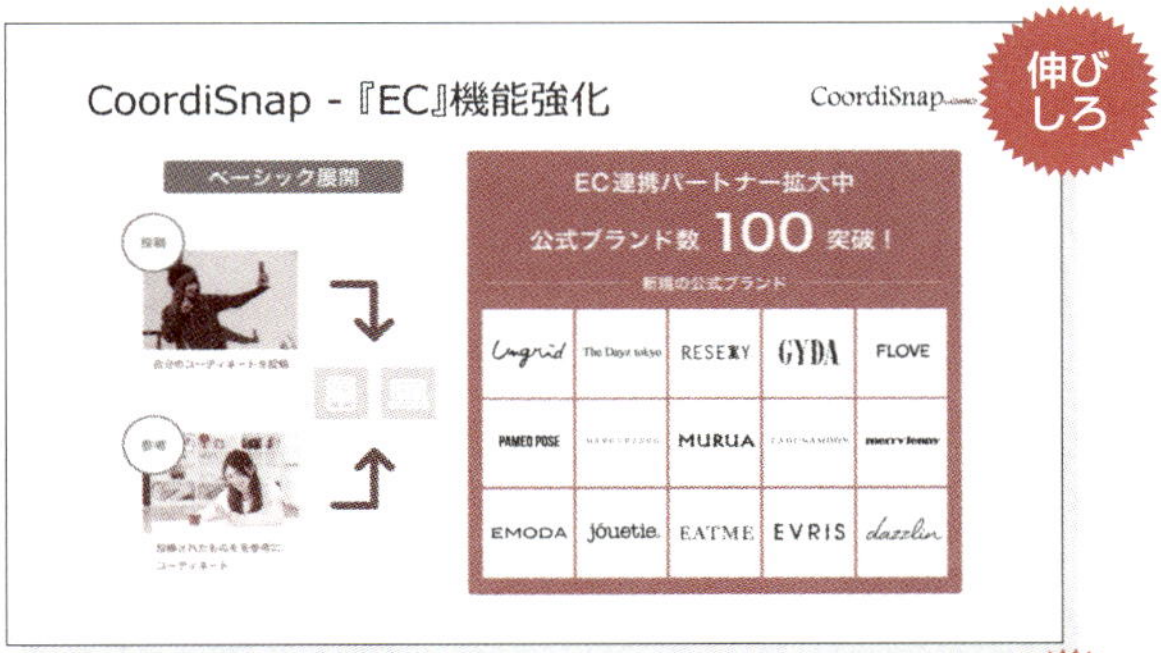

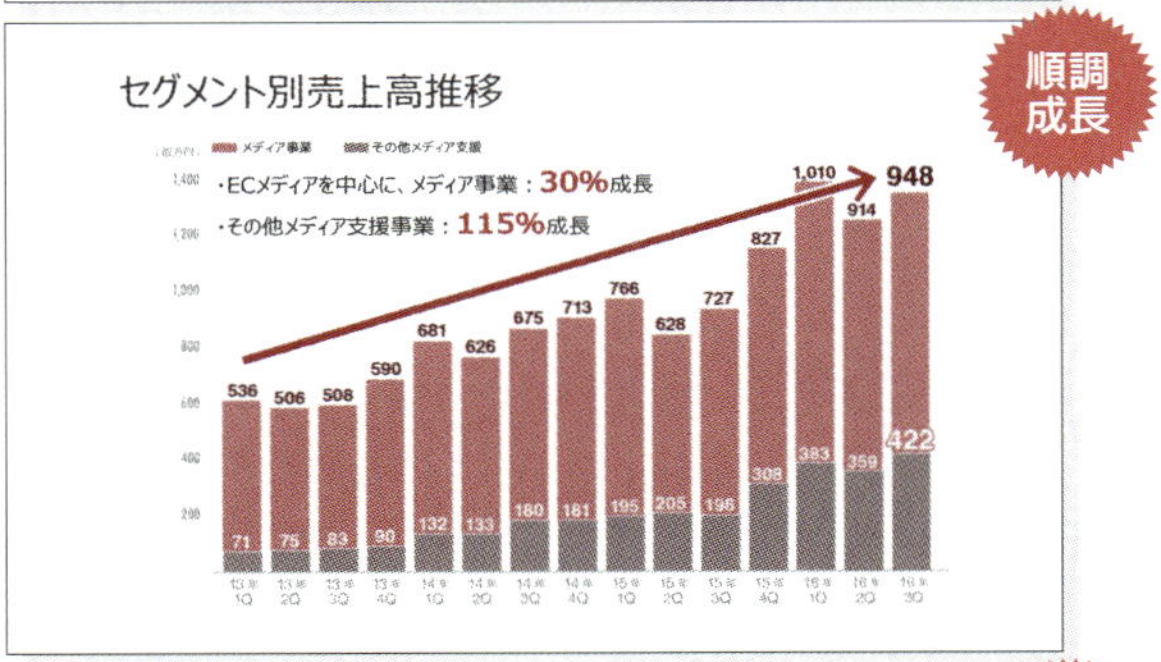

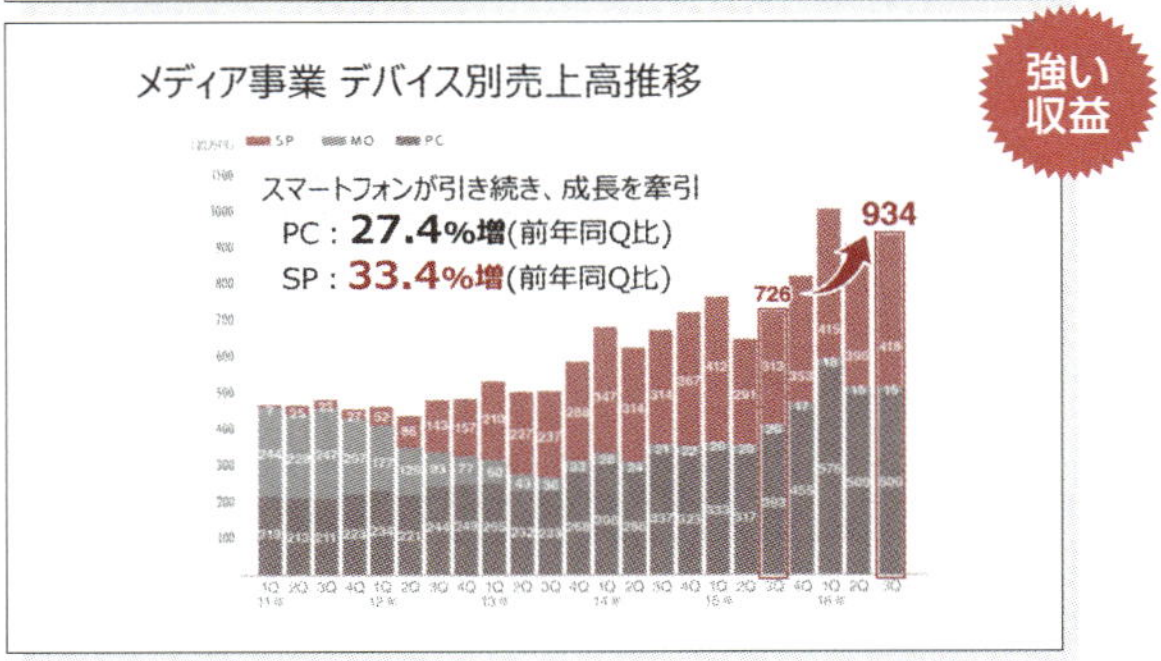

❏ チャート・チェック（6161）

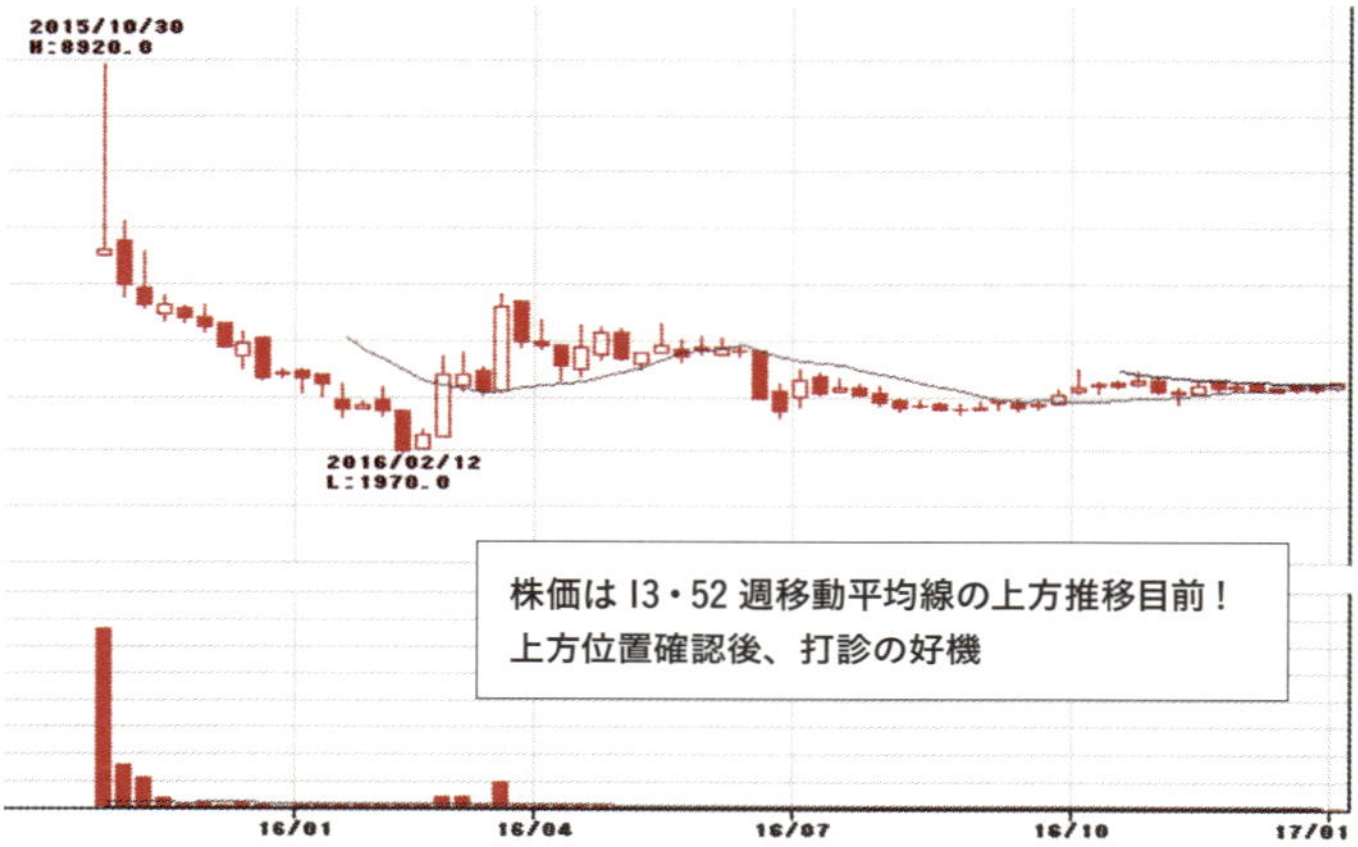

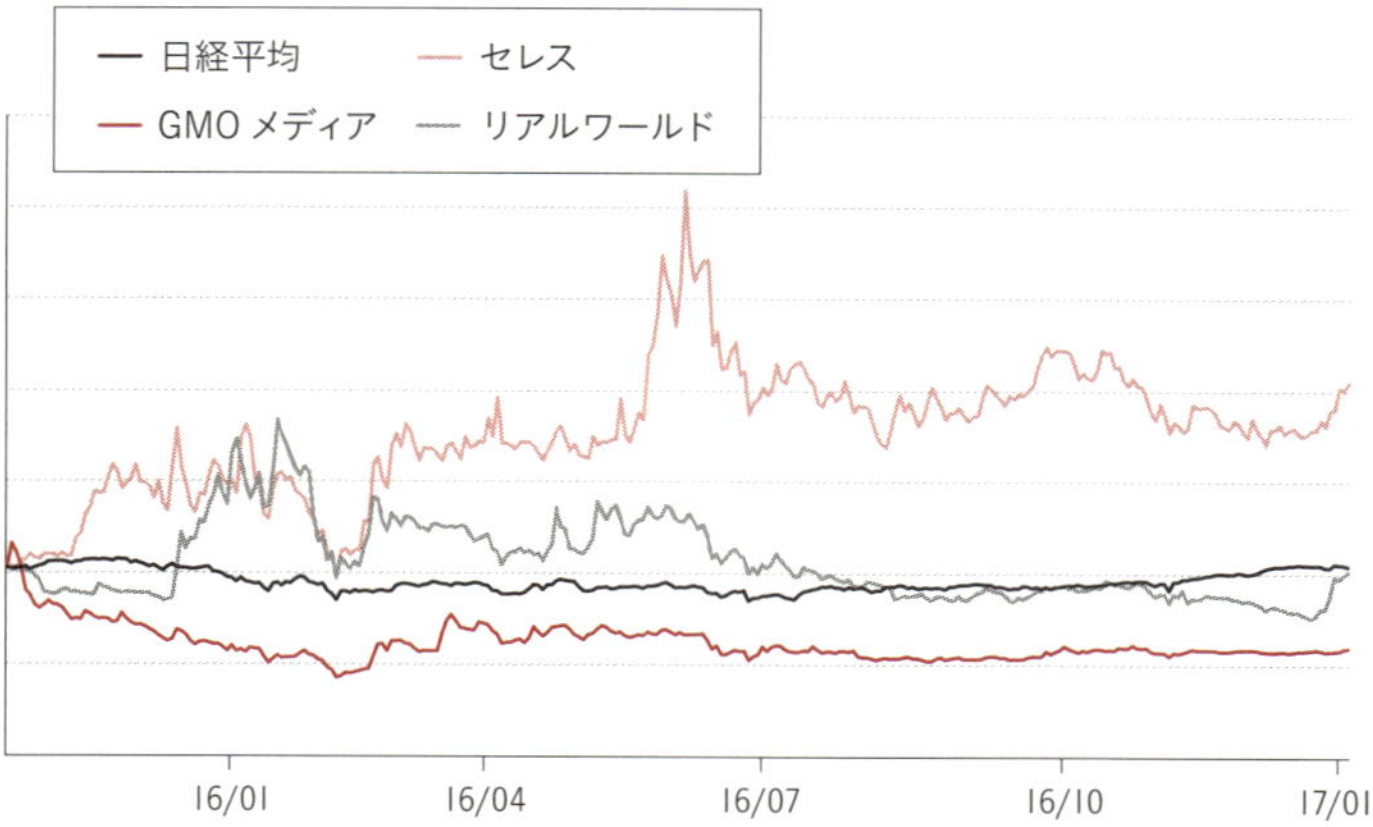

比較会社・日経平均（1年半来）の株価と比べて最もモメンタムが低く、まだ株価に勢いがない。
買うなら打診買いで様子見か。

2079

ホープ（6195）

100

会社プロファイル

自治体広告に特化した総合サービス会社。自治体が発行する刊行物やWebページなどに広告枠を設けるデッドスペース事業を核とする。行政メディアが作成するメディアクリエーションサービス事業は期末偏重。2005年に福岡県でホープキャピタルとして事業開始。06年より自治体保有資産の広告事業化を開始。09年から現名称。13年からメディア制作事業開始。14年から自治体向け営業活動支援サービスを始動。

✓ここをチェック！

財源確保支援事業、約35億円の財源を自治体にもたらしたと聞いただけで、応援したいと感じ取り上げた。同社IRの方に成長性を伺ったところ、現在の取引自治体が約400で全国の自治体が1970あるので、8割が未開拓な自治体が残っているとのこと。さらには、既存の自治体広報誌デッドスペースを埋める事業から、共同で機関誌を作る方に軸足を移しており、その差別化・ストック性に期待したい。このビジネスモデルの志が本当に素晴らしいと感服し、まだ見ぬ事業の創造にも期待をしたい。

❏ 10倍株の新法則！ 15のチェック・ポイント（6195）

	ポイント	条件	数値・内容
大化け性	①時価総額（16年12月末）	300億円以下	22億円
	②上場／会社設立の経過年	10年／50年以内	1年／9年
	③社員の平均年齢若い／平均年収低い	41歳以下／578万円以下	27歳／331万円
	④主要株主	経営陣がいるか	社長19.5%／法人24.3%
	⑤特定株／浮動株比率	50%以上／20%以下	68.5%／0%
成長性	⑥増収率	予想7%／前期1%以上	28.7%／39.4%
	⑦予想増益率（営利）	7%以上	17.2%
	⑧予想営業利益率の変化率	マイナス15%以内	ＯＫ
	⑨来期当期利益増加率	プラス	ＯＫ
	⑩自分目線・成長キーワード	自治体の財政難、超ニッチ・ビジネスモデル	
安全性	⑪自己資本比率	30%以上	39.3%
	⑫２期連続営業CF／有利子負債対現金同等物比率	マイナスでない／3.5以下	ＯＫ／0.05
割安性	⑬予想PSR	2.5倍以下	1.1倍
	⑭予想PER	30倍以下	20倍
	⑮実績PBR	5倍以下	3.98倍
	朝香の総合割安度	2.5以下	0.91

❏ 決算説明書資料等のここに注目（6195）

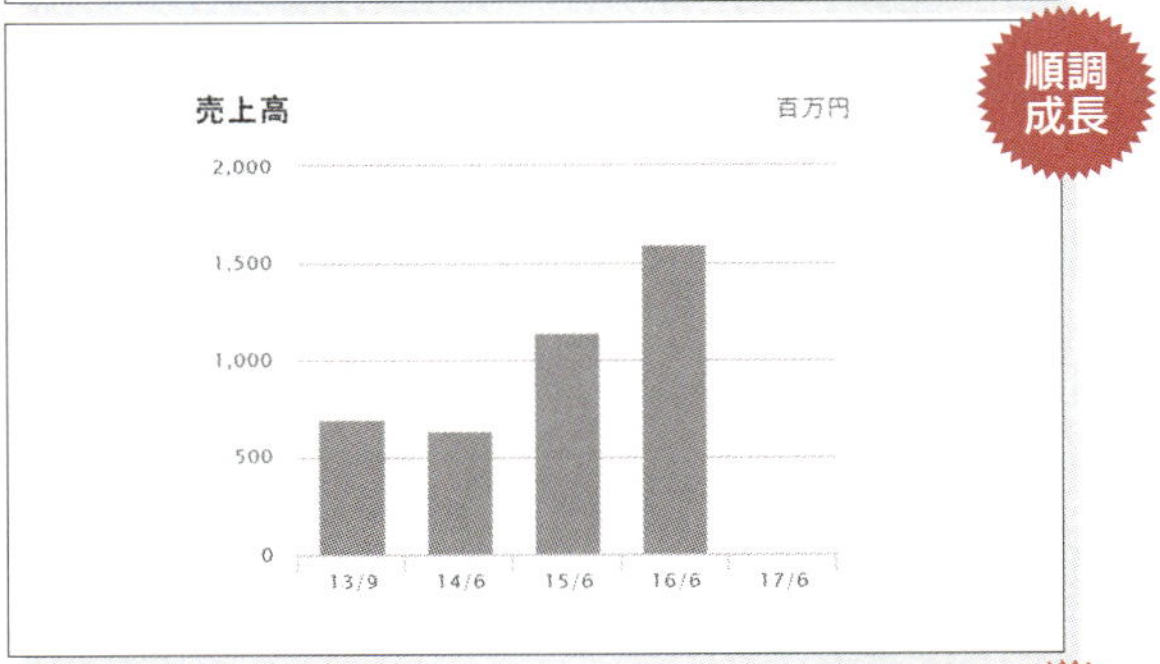

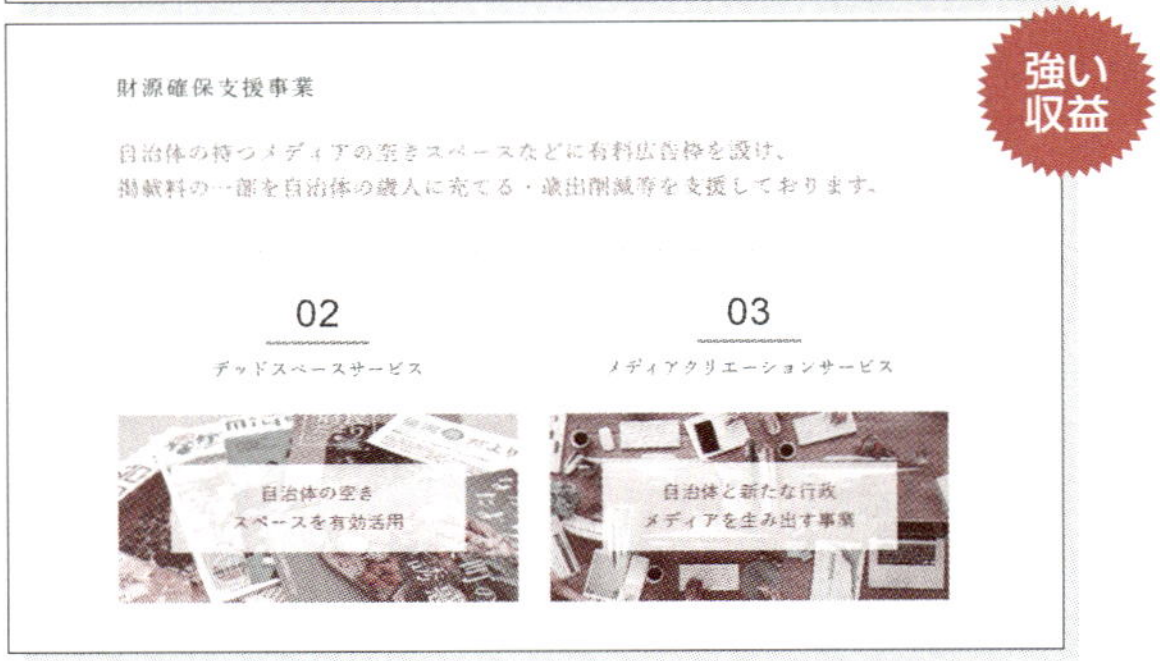

チャート・チェック(6195)

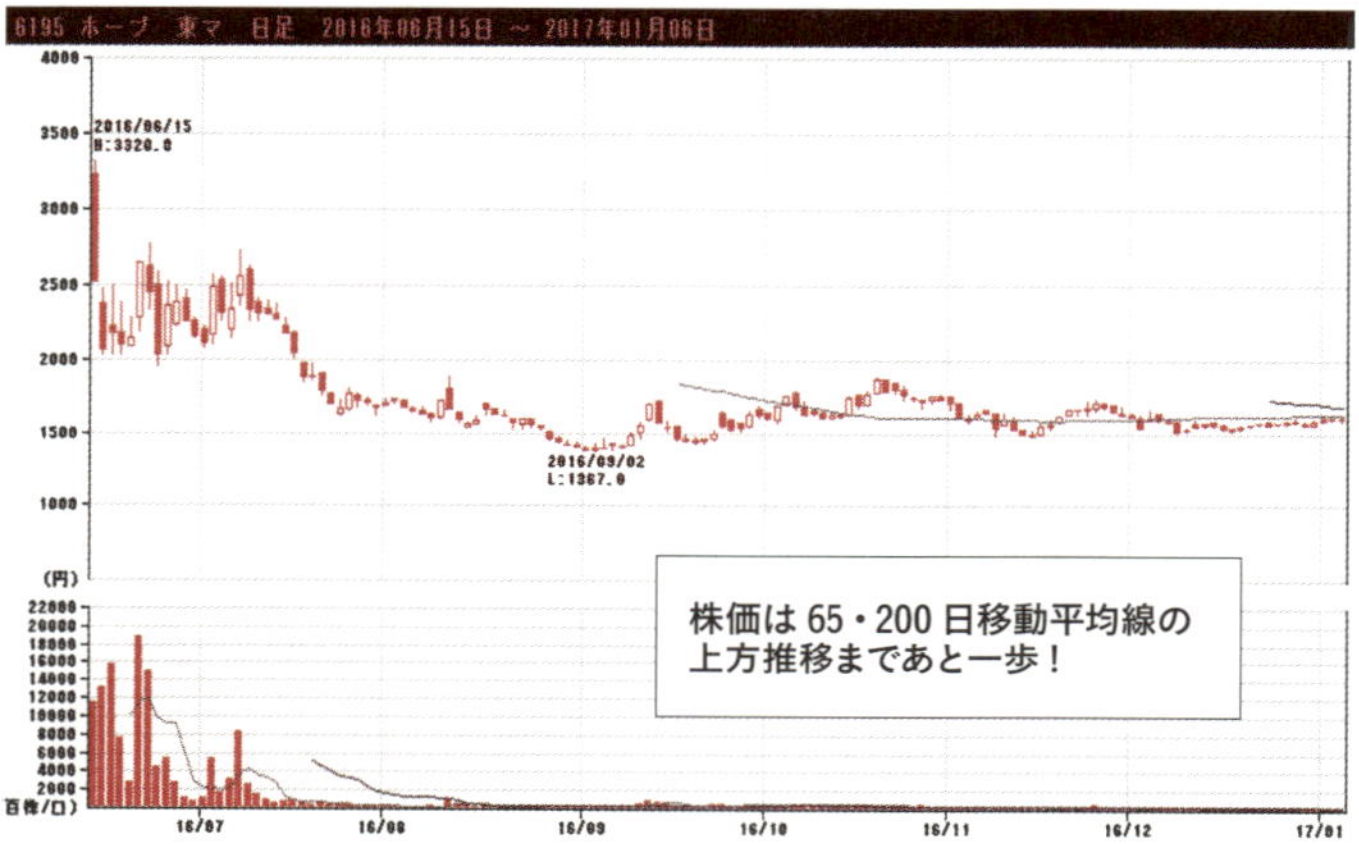

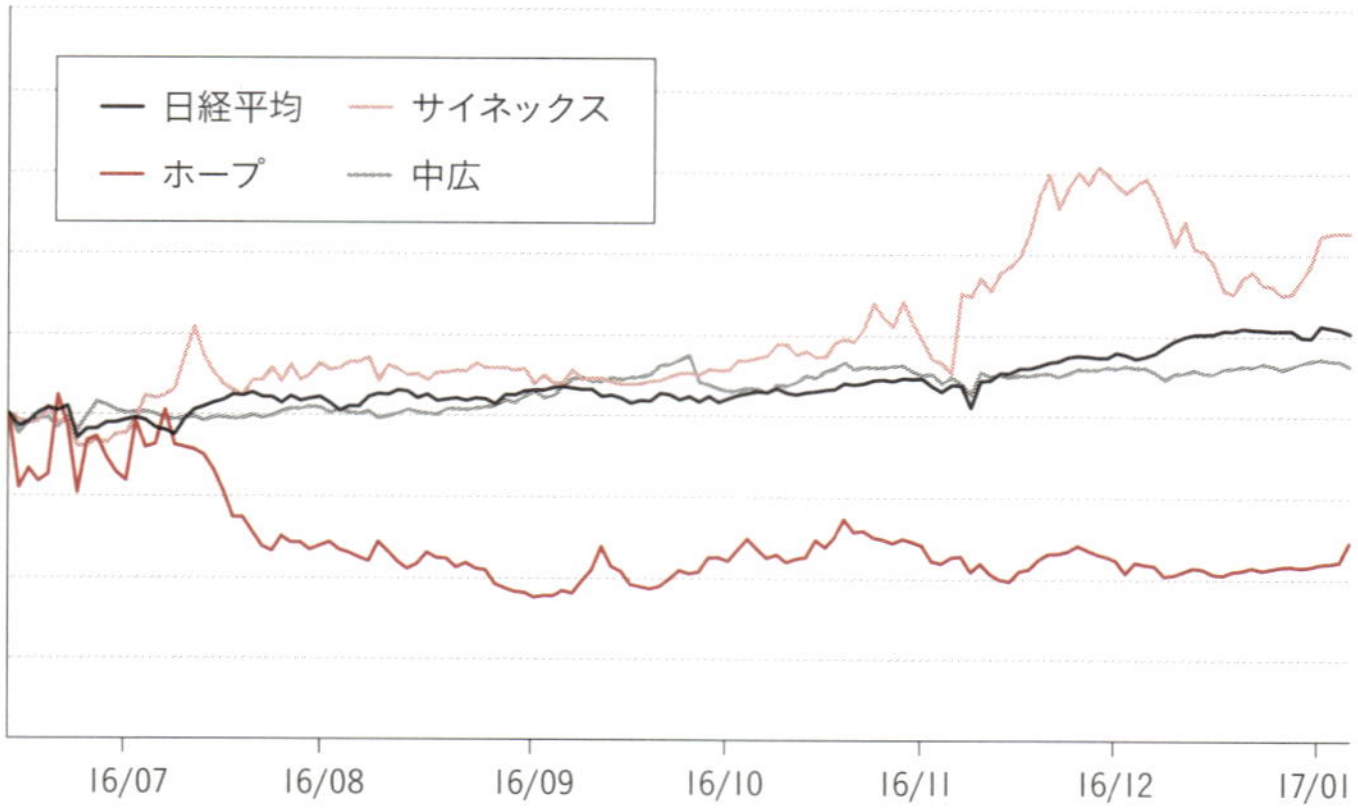

比較会社・日経平均（1 年半来）の株価と比べて最もモメンタムが低く、まだ株価に勢いがない。
買うなら打診買いで様子見か。

第3章

今日からできる10倍株の見つけ方

5年で9つの10倍株を的中させたアナリストの4つの視点とは？

私が投資先の企業を見つける時に見ているのは、ズバリ次の4点です。

・大化け性
・成長性
・安全性
・割安性

そして、その候補となる銘柄をファンダメンタル（会社の業績や財務情報など）、テクニカル、テーマ、ニュース、見本市、ショッピングモール、日々の生活の中などから探しています。

本章では、この中でも特にファンダメンタルとテーマの2点に絞って10倍株の見つけ方をお教えしたいと思います。

テクニカル（チャート）はそれだけで1冊の本が書けるほど奥が深いですし（次の第4章で簡単な売買の見方はわかるようにしています）、ニュースやショッピングモールや見本市の視察は容易に真似しにくいからです。

それに比べて、ファンダメンタルとテーマで株を探すのは真似しやすいのです。さらには、本書では「10倍株の新法則」を初めて公開しています。2013年に著した『【テンバガー】10倍株で勝つ』では、その辺のポイントを具体的にお伝えしました。しかし、あれから3年の月日が流れ、10倍株の実績が倍増したことから、16年の年末に改めて各社のファンダメンタルを一覧表にしてみたところ、新たな発見があったのです。この章では、まずはその法則とその検証を示し、その後にテーマでの見つけ方をご紹介します。

10倍株の新法則！
5つの特徴と15のチェック・ポイント

まず、10倍株を探し出す確度を高めるために開発した新法則をシェアし、次に私が実際に獲得した10倍株に基づいて、そのエビデンスとなるデータを紹介します。

10倍株の新法則は、前項で述べた「大化け性」「成長性」「安全性」「割安性」の4つの視点に基づいた「5つの特徴」と「15のチェック・ポイント」で構成されていますので、見ていきましょう。

【大化け性】

特徴1：「平均年収が上場企業の平均以下の若くて小さな会社」

- チェック・ポイント① 時価総額300億円以下
- チェック・ポイント② 上場して10年以内、会社設立50年以内
- チェック・ポイント③ 全社員の平均年齢が比較的若く、平均年収が上場企業平

均よりも低い

特徴2：「少数特定者の株保有が多く、主要株主に経営陣がいる会社」

- チェック・ポイント④　経営陣が主要株主欄にいるか
- チェック・ポイント⑤　少数特定者保有比率が50％以上、浮動株比率が20％以下

【成長性】

特徴3：「売上も利益も伸びそうな会社」

- チェック・ポイント⑥　予想増収率7％以上、前期増収率1％以上
- チェック・ポイント⑦　予想「営業利益」増加率7％以上
- チェック・ポイント⑧　予想「営業利益率」の増加率がプラスか、マイナスでも15％以内に収まっているか
- チェック・ポイント⑨　来期予想当期利益増加率がプラス
- チェック・ポイント⑩　自分目線で3～10年先の会社の成長性を信じ、応援したいか

【安全性】

特徴4：「倒産の心配が当面なさそうな会社」

●チェック・ポイント⑪　自己資本比率30％以上

●チェック・ポイント⑫　営業ＣＦが２期連続でマイナスでなく、有利子負債対現金比率が３・５以下

【割安性】

特徴５：「株価が割高でない会社」

●チェック・ポイント⑬　予想ＰＳＲが２・５倍以下

●チェック・ポイント⑭　予想ＰＥＲが30倍以下

●チェック・ポイント⑮　ＰＢＲが５倍以下

いかがでしょうか？

これだけではわかりにくいと思いますので、次項で事例を交えて詳細を説明します。

10倍株の新法則における エビデンスとなった17社の事例

ここでは、10倍株候補になる銘柄をより絞りやすく、なおかつ的中率を上げるための条件の検証内容をシェアします。前著でも取り上げた12社に、その後増えた5社の10倍株を加えて、計17社をエビデンスとして活用しました（次ページ図3-1）。

なお、リーマンショック以降で10銘柄の10倍株を獲得したのですが、不動産の「いちご」は景気敏感株で、探す基準がまったく違うこと、景気敏感株の10倍株獲得率が10%と相対的に良くないので、この本では成長株に絞って見つけ方を紹介しています（第2章の10倍株10選はすべてこの法則に該当する会社を選んだ）。

❑ 図 3-1　新法則の検証に活用した 17 社

	10 倍達成	銘柄名	データ計測日
1	○	アンドール	2011 年 7 月 8 日
2	○	ラクーン	2012 年 12 月 18 日
3		ピーエスシー	2012 年 1 月 23 日
4		コシダカＨＤ	2009 年 5 月 25 日
5	○	JAC	2011 年 2 月 24 日
6	○	瑞光	2010 年 11 月 29 日
7	○	ベクトル	2013 年 1 月 4 日
8	○	アドウェイズ	2009 年 5 月 29 日
9		セリア	2009 年 7 月 13 日
10	○	ファンコミュニケーションズ	2011 年 8 月 25 日
11		ジェイアイエヌ	2011 年 10 月 17 日
12	○	MonoraRO	2011 年 2 月 24 日
13	○	リロＨＤ	2011 年 8 月 25 日
14		ガンホー	2012 年 9 月 24 日
15		ニトリ	1999 年 4 月 1 日
16		ヤマダ電機	1999 年 4 月 1 日
17		ファーストリテイリング	1999 年 4 月 1 日

データ計測日の基準の原則として、チャートで「大化け加速サイン」が出た時のファンダメンタルにて検証。
「大化け加速サイン」とは、株価が下記の状態のことを指す（146 ページ参照）。

・1 年半来高値（終値）

・週足チャートの週出来高が平均以上

・上昇優位の週足ローソク足

なお、例外としてＩＰＯ銘柄であったベクトルなど、チャートで 1 年半未満の時期に仕込んだ銘柄は、ファンダメンタルのみで仕込んだ。

また、ＪＡＣの大化け加速サインを前著と別（後日の買い増しタイミング）にしたことで、今回の法則化につながった点と 5 期前の売上を除いた点を述べておく

時価総額３００億円以下

10倍株となった17社のうち、82%にあたる14社の時価総額が２６７億円以下と図３-２からわかります。株を見つける条件を、少し余裕を見て３００億円以下に設定しても4割の上場企業をカットして探せ（スクリーニング）、効率が上がります。なお、図のスクリーニングは会社四季報オンライン（有料版）を使用しています。自己資金に余裕のない人は、見つけた銘柄の時価総額などを後で見てもいいでしょう。

3-2

銘柄名	時価総額（億円）
アンドール	7
ラクーン	12
ピーエスシー	16
コシダカＨＤ	19
JAC	39
瑞光	43
ベクトル	57
アドウェイズ	69
セリア	74
ファンコミュ	128
ジェイアイエヌ	129
MonoraRO	141
リロＨＤ	215
ガンホー	267
ニトリ	410
ヤマダ電機	1097
ファーストリテイリング	1246
サンプル平均	233.5

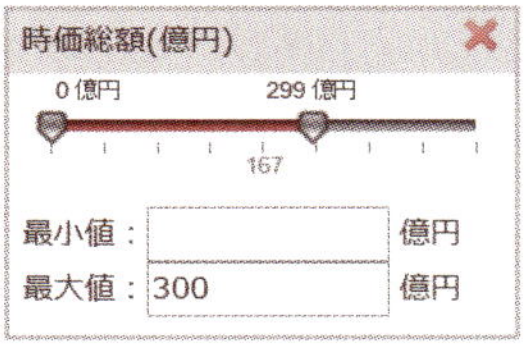

❑ 3-3

上場して10年以内、会社設立50年以内

17社のうち、76％にあたる13社が上場して10年以内。スクリーニングでは約20％未満しか該当せず、さらに17社すべてが会社設立50年以内で、その条件で絞ったところ半数強の会社を振るい落とせたのは意外でした。なお、データ取得当時に設立27年のニトリや36年のユニクロなども、上場することで新しくビジネスモデルの研磨や進化があったものと考え、上場して10年程度の要素をより重要視していいと思います。

銘柄名	上場からの年数（年）	会社設立年数（年）
アンドール	15	39
ラクーン	6	16
ピーエスシー	1	27
コシダカＨＤ	2	9
JAC	5	23
瑞光	21	47
ベクトル	1	19
アドウェイズ	3	8
セリア	6	22
ファンコミュ	6	12
ジェイアイエヌ	5	20
MonoraRO	5	11
リロＨＤ	12	44
ガンホー	7	14
ニトリ	10	27
ヤマダ電機	10	16
ファーストリテイリング	5	36
サンプル平均	7.1	22.9

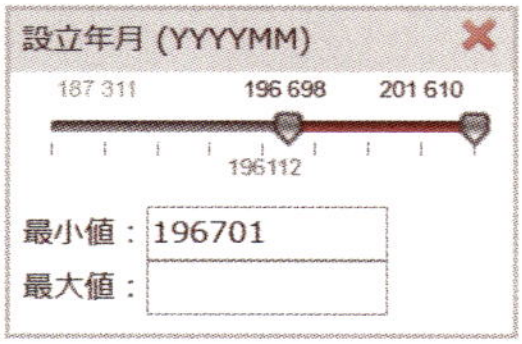

❏ 3-4

銘柄名	平均年齢（歳）	平均年収（万円）
アンドール	35.4	386
ラクーン	31.7	508
ピーエスシー	32.9	448
コシダカＨＤ	30.4	395
JAC	33.1	499
瑞光	37.4	601
ベクトル	36.0	542
アドウェイズ	27.3	390
セリア	36.0	418
ファンコミュ	30.6	463
ジェイアイエヌ	27.5	324
MonoraRO	37.7	497
リロＨＤ	40.6	575
ガンホー	35.4	497
ニトリ	30.7	346
ヤマダ電機	27.4	283
ファーストリテイリング	27.0	333
サンプル平均	32.8	441.5

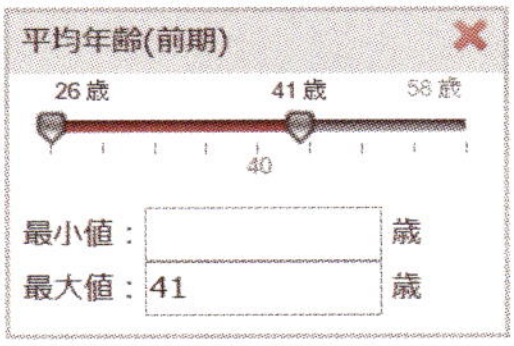

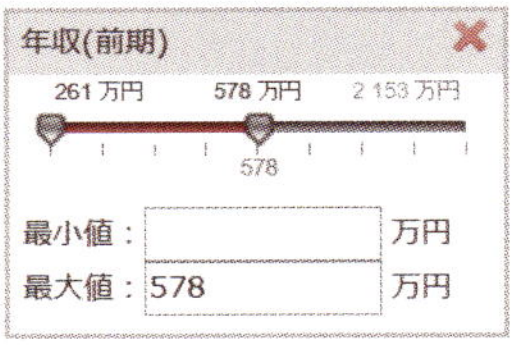

社員の平均年齢が比較的若く、平均年収が上場企業平均よりも低い

これも当然と言えば当然かもしれません。10倍株になる会社はこれからグングン成長していくわけですから、社員の平均年齢も比較的若く、平均年収だってまだ会社がガンガン稼ぐ前だから安いのにも納得できました（瑞光は除く）。平均年齢で4割、平均年収で半数の会社を振るい落とせたのはいい結果と言えますね。

経営陣が主要株主欄にいるか

投資の神様バフェットが尊敬したフィリップ・キャレーの「経営陣が自社株をたっぷり持っているか」は大切です。ただ、たっぷりでなくとも、仮に時価総額１００億円の会社で、ある役員が１％にあたる１億円を持っているだけでも株価が急落して半値になれば、自分の自社株資産価値も５０００万円の損失です。普通なら会社の業績を上げるなり、無理なら市場の期待を膨らませるＩＲを打ってでも株価を回復させたいはずです。経営陣が主要株主にいるほうが株価が上昇しやすいのだけは確かです。

銘柄名	経営層株主
アンドール	○
ラクーン	○
ピーエスシー	○
コシダカＨＤ	○
JAC	○
瑞光	○
ベクトル	○
アドウェイズ	○
セリア	○
ファンコミュ	○
ジェイアイエヌ	○
MonoraRO	○
リロＨＤ	○
ガンホー	○
ニトリ	○
ヤマダ電機	○
ファーストリテイリング	○
サンプル平均	-

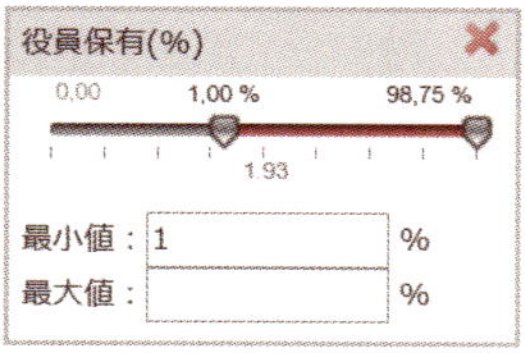

3-6

少数特定者保有比率が50％以上、浮動株比率が20％以下

特定株（少数特定者持株）とは、創業者、役員、関係会社などが保有しているような、簡単に売却される可能性がない株のことです。これはその比率が高い方が、何かの材料で株価が一気に動きやすいことを一般的には意味しています。

浮動株とは、いつ売却してくるかわからないような投資家に所有されている株のことで、比較的頻繁に売買されている株のことを指します。これはその比率が高いと、一般的には何かの材料で株価が一気には急騰しにくく、売りが入りやすくなります。

銘柄名	特定株比率（%）	浮動株比率（%）
アンドール	67.5	32.4
ラクーン	52.5	32.5
ピーエスシー	67.9	19.5
コシダカＨＤ	76.5	17.9
JAC	87.9	5.9
瑞光	50.3	18.8
ベクトル	85.9	6.6
アドウェイズ	69.7	15.5
セリア	69.4	8.9
ファンコミュ	68.0	17.5
ジェイアイエヌ	81.4	10.8
MonoraRO	79.0	10.1
リロＨＤ	69.1	12.5
ガンホー	76.5	18.6
ニトリ	58.5	9.0
ヤマダ電機	28.2	39.9
ファーストリテイリング	66.5	8.7
サンプル平均	67.9	16.8

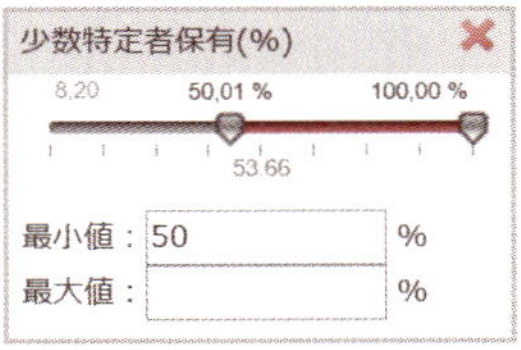

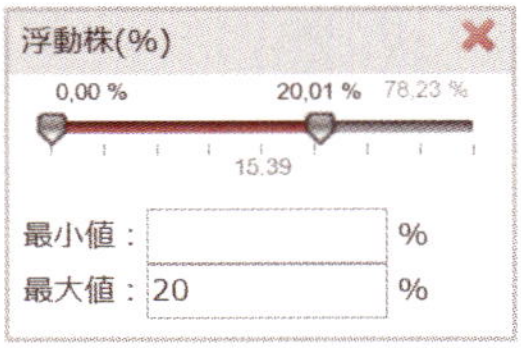

予想増収率7%以上、前期増収率1%以上

企業の成長が持続するうえで最も大事なのは売上の拡大です。売上が下がると、経営の合理化で利益を増やすことはできてもいずれは限界がきます。成長株というくらいですから、売上が拡大基調の企業から探しましょう。前期比は最低1%増えていればOK、予想売上はエビデンス的にも、GDPから見た高成長国と言われる7%程度の増加率が一企業にも欲しい。この点だけで上位2割の成長株を選抜できます。

3-7

銘柄名	予想増収率(%)	前年比増収率(%)
アンドール	10.0	49.1
ラクーン	12.0	12.9
ピーエスシー	20.6	48.2
コシダカＨＤ	42.1	20.4
JAC	16.9	1.03
瑞光	38.9	-1.5
ベクトル	26.8	29.2
アドウェイズ	20.4	69
セリア	7.9	8.2
ファンコミュ	21.5	8.8
ジェイアイエヌ	34.4	37.4
MonoraRO	16.2	24.5
リロＨＤ	10.7	11.6
ガンホー	24.9	54
ニトリ	19.1	13
ヤマダ電機	41.9	28.1
ファーストリテイリング	19.5	14.2
サンプル平均	22.6	25.2

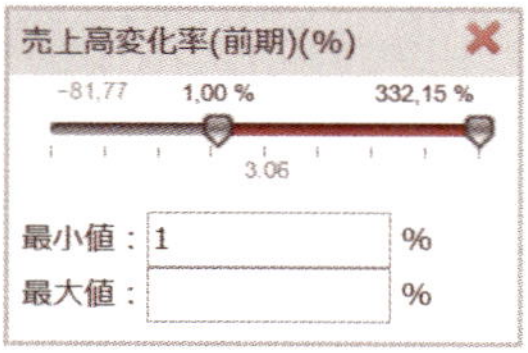

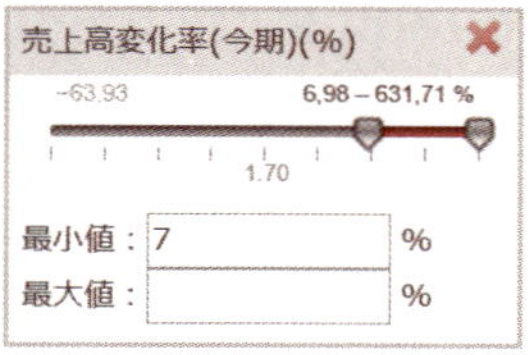

予想「営業利益」増加率7％以上

まず、成長企業ということで経常利益でなく、本業の儲けを示す営業利益を使用しています。なお、サンプルの最小増益幅が7％で、その数字でスクリーニングをすると約半数の企業に絞り込まれるため、売上と同率の数値を採用しました。

ただし、実際のサンプル17社で営業利益の増加率が1ケタ台だったのは、2社のみですので、他の15社を参考に営業利益の伸び率を15％くらいに設定してもいいかもしれません。

3-8

銘柄名	予想営業利益増加率（%）
アンドール	43.4
ラクーン	17.8
ピーエスシー	7.1
コシダカＨＤ	84.8
JAC	33.5
瑞光	257.5
ベクトル	46.3
アドウェイズ	171.4
セリア	45.1
ファンコミュ	22.4
ジェイアイエヌ	66.2
MonoraRO	23.3
リロＨＤ	8.1
ガンホー	27.8
ニトリ	31.7
ヤマダ電機	345.9
ファーストリテイリング	44.4
サンプル平均	75.1

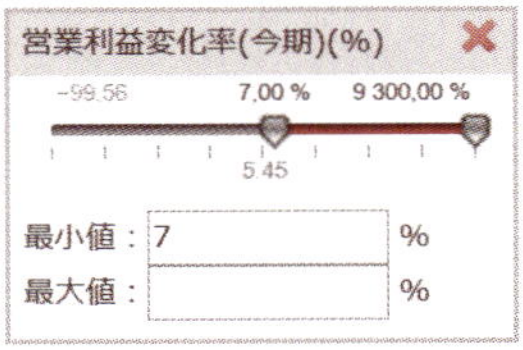

予想「営業利益率」の増加率がプラスか、マイナスでも15％以内

一般的に儲かっている会社の営業利益率は10％など2桁のイメージがあるかもしれませんが、10倍株の卵だったサンプル企業の営業利益率の幅は大きい。利益率に関しては、前期と今期予想を比較して増えているかどうかに注目しました。さらには、ピーエスシーのように前期比との割合で12％減（26・1÷29・4）となるものもあるので、利益率の悪化がマイナス15％程度の割合で収まるかが許容範囲だろう。

❑ 3-9

銘柄名	営業利益率（%）	予想営業利益率（%）
アンドール	6.2	8.1
ラクーン	1.5	1.6
ピーエスシー	29.4	26.1
コシダカＨＤ	4.9	6.4
JAC	12.2	14.0
瑞光	4.7	12.1
ベクトル	12.8	14.8
アドウェイズ	2.6	6.0
セリア	2.3	3.0
ファンコミュ	16.3	16.5
ジェイアイエヌ	7.4	9.2
MonoraRO	7.4	7.8
リロＨＤ	4.5	4.4
ガンホー	12.2	12.5
ニトリ	7.4	7.8
ヤマダ電機	5.0	5.5
ファーストリテイリング	7.2	8.2
サンプル平均	8.5	9.6

※四季報のスクリーニングになかったため、筆者自身で計算

来期予想当期利益増加率がプラス

これは、左記のPER比較を見て初めて気がつきました。これまでまったく投資にPERは使ってこなかったのですが、全銘柄で来期予想のPERが下がっています。これはすなわち、今期予想の当期利益よりも来期予想の当期利益が大きいことを意味しており、1割弱とはいえスクリーニングで銘柄を振るい落とすことができました。

3-10

銘柄名	予想PER	来期予想PER
アンドール	4.96	4.3
ラクーン	10.5	8.6
ピーエスシー	8.31	6.7
コシダカHD	7.2	5.2
JAC	6.6	6.2
瑞光	5.4	5.0
ベクトル	10.6	8.5
アドウェイズ	17.3	16.5
セリア	7.98	7.2
ファンコミュ	11.2	9.4
ジェイアイエヌ	16.8	11.8
MonoraRO	15.6	13.9
リロHD	6.2	5.9
ガンホー	17.8	16.7
ニトリ	24.5	21.1
ヤマダ電機	17.5	16.3
ファースト リテイリング	30.0	29.3
サンプル平均	12.9	11.3

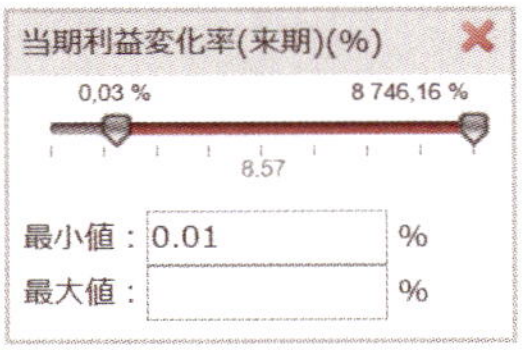

自分目線で3～10年先の会社の成長性を信じ、応援したいか

自分目線とは、「自分自身の生活、仕事、人生、社会観を通じてこれから成長していく会社を見つけるためのフィルター」のようなものと考えてください。

そして、**この自分目線で投資先を選ぶことで、おのずと「自分の理解あるいは共感できる事業」の会社に投資をできるようになります。**

これは投資を成功させる重要な習慣で、市場の暴落で株価が3割安、ついには「半値」になった時に、世の中の大勢の過ちを「ありがたや、ありがたや」と言いながら魅力的な株を買い増す原動力となります。

さらには、なんとなく買う時に比べて、リスク（不確実性）を抑えることにもつながるのです。自分の子どもが通う幼稚園や学校の見学に行かない親御さんはいないように、自分の子供ともいえるお金を嫁がせる会社のこともよくよく調べてほしいとお願いしたいところです。

その際、将来その企業がどの程度のキャッシュフローを生み出すか、さらにはその好循環を維持するだけの競争優位性をその企業が持っているかに注目してください。

要するに、社会からの「ありがとうであるお金」を生みだして、増やし続けられるかを見極める。**持続成長を実現できる「参入障壁や競争優位がある」企業を選んでほしいのです。**

伸びしろのある会社、またはその伸びしろを創出できる会社は、それだけ社会の役にたつ高い付加価値を世の中に提供している会社で、その会社に投資して共に未来を創るあなたは、もうそれだけで十分社会貢献をしていると思っていいと思います。

自分でイメージした「自分目線の未来に貢献する企業」を投資先に選ぶことで、多少の凸凹はあってもその企業の売上・利益が拡大すればするほど、その業績と連動し株価は上昇して素晴らしいものとなります。

この果実を手にしていただくためにも、成長の「伸びしろ」をしっかりと見つけることが大切です。

そして、その伸びしろの見極めは、投資家のあなたがその会社に支払う価格に比べて価値のある良質な会社のオーナー権を手に入れる重要な要素にもなるのです。

伸びしろを考えるには、「売上げの拡大余地」と「強い儲けのしくみ＝ROA」を考える必要があります。

その際の参考になる視点を前著から転載しておきます（図3-11）。**投資の際には、この2点に「経営者の経営姿勢」を加味した3点で分析は充分だろうと思います。**

この自分目線による投資判断は、私が最も力を入れて読者の方にお伝えしている部分でもあります。これを活用することで個人投資家の強みを発揮し、あなたの側にひっそりと存在する大化け株の卵を発掘することにつながるのです。

例えば、10倍株となった「瑞光」は、最初に注目して仕込んだ時点では数値的に若

❑ 3-11　長期投資のための経営・財務分析のポイント

ROAツリー

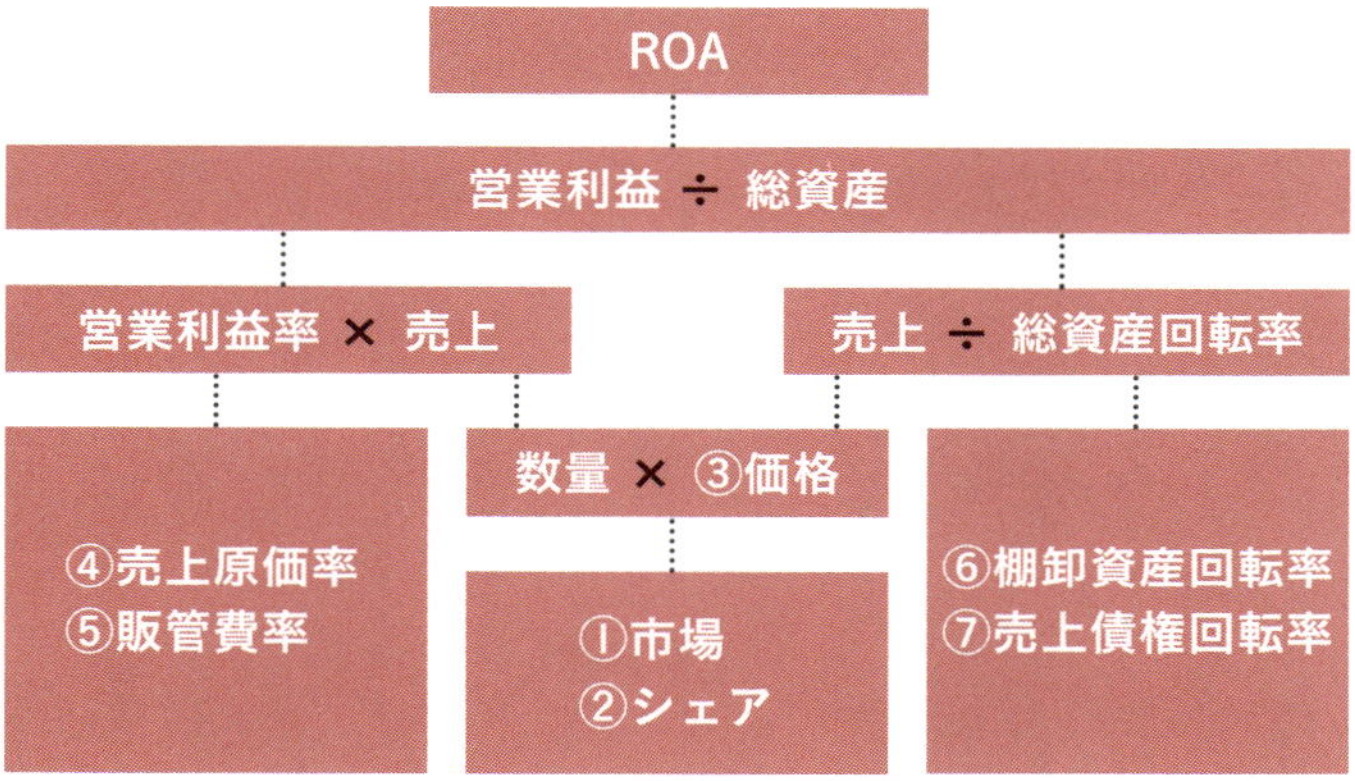

- □ 現在、国内市場が拡大しているか（①）
- □ 今後、国内市場が伸びそうか（①）
- □ 海外市場で拡大できるか（①）
- □ 競合のシェアを奪うことができるか（①②）
- □ 同じ製品・サービスの購買頻度を上げられそうか（②⑥）
- □ 顧客に別の製品・サービスが売れそうか（①②⑥）
- □ 大規模あるいは高シェアのプライス・リーダー（②③⑦）
- □ コスト優位性（②③④⑤）
- □ 真似しにくい技術・ノウハウ・高付加価値（②③④⑤⑦）
- □ 代替困難による顧客の囲い込み（②③⑦）
- □ ダントツの業務効率性（④⑤）
- □ 他社が真似たくない非合理の理（①②③④⑤⑥⑦）

干物足りない部分がありました。それでも当時はグングン中国で人気の出ていたユニ・チャームのおむつやピジョン（8倍株として成功）の哺乳瓶が売れるのを見ていて、日本品質のおむつを作る製造装置の事業は伸びるに違いないという自信が自分目線でありました。

そして、主要顧客に外資系の会社もいたため、新しい国際競争力を持った日本企業が増えてほしいという願いも込めて応援したい気持ちにもなりました（もっとも、その後の決算発表をウォッチし続けて経営に躍動感を感じなかったため、同社から別の企業へと資金は振り向けました）

また、最後の付録にて、今を時めくＩｏＴや人工知能の関連銘柄も取り上げていますが、もしあなたがイマイチ技術やアプリケーションを理解していないなら、無理して人工知能関連銘柄を買う必要はありません。自分の生活や仕事のフィルターを通して理解ができるものの中から、「時代のトレンド」に乗っていくような銘柄を探せばいいと思います。

自己資本比率30％以上、営業ＣＦが２期連続でマイナスでなく、有利子負債対現金比率が３・５以下

安全性に関しては、自己資本比率30％以上でスクリーニングをかけたところ、15％程度の会社をカットすることができました。

また、「当面のキャッシュに困っていない」＝「倒産しにくい」という点で、営業ＣＦが２期連続でマイナスでなく、現金同等物１に対して有利子負債が３・５以下の会社の中から投資先を選びます。

過去の倒産した会社の事例を鑑みると、決算上は売上も利益も上げているのに、実際のキャッシュが不足して倒産する会社や、会社の規模以上の借金を抱えて事業の大勝負に出た後で景気が不景気になって運転資金がショートして倒産する会社が現れるのが世の常です。この法則でそのような会社をある程度避けて長期投資をしていきましょう。

❑ 3-12

銘柄名	自己資本比率（%）	営業ＣＦ２期連続マイナスでない	有利子負債対現金同等物比率（%）
アンドール	53.0	○	0.9
ラクーン	45.3	○	0.37
ピーエスシー	70.3	○	0.32
コシダカＨＤ	39.6	○	2.57
JAC	75.0	○	0.1
瑞光	48.0	○	0
ベクトル	69.6	○	0.17
アドウェイズ	69.1	○	0.001
セリア	34.6	○	1.72
ファンコミュ	63.1	○	0.008
ジェイアイエヌ	38.3	○	3.48
MonoraRO	48.0	○	0.65
リロＨＤ	40.0	○	2.25
ガンホー	55.9	○	0.08
ニトリ	53.0	N/A	N/A
ヤマダ電機	30.8	N/A	N/A
ファーストリテイリング	54.4	N/A	N/A
サンプル平均	52.2	-	0.9

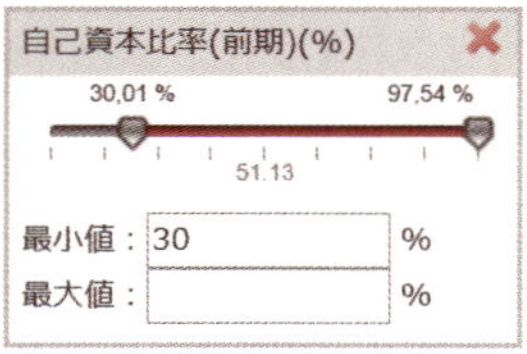

※「営業 CF」「有利子負債対現金同等物比率」については四季報のスクリーニングになかったため、筆者自身で計算

予想PSRが2・5倍以下、予想PERが30倍以下、PBRが5倍以下

まず、個人投資家にお馴染みのPER・PBRを使って、予想PER30倍以上・PBR5倍以上をカットしても8割程度の銘柄が残りますが、割高な銘柄をカットできたと割り切りましょう。

また、予想PSRは会社四季報オンラインのスクリーニング指標には採用されておりませんので自分で計算することになります。この計算方法は、時価総額を予想売上で割って求めます。このPSRは成長株の神様フィリップ・フィッシャーの子息であるケン・フィッシャーが好んで用いた指標で、彼はPSR3倍以上の企業は割高であると指摘をしており私も参考にしています。

最後に、第2章の10選でも使用した割安度に関して、私の独自指標は非公開にしておりますが、その点のみご容赦いただきたいと思います。

3-13

銘柄名	予想 PSR	予想 PER	PBR
アンドール	0.33	4.96	0.8
ラクーン	0.12	10.5	0.97
ピーエスシー	1.16	8.31	2.11
コシダカＨＤ	0.1	7.2	1.32
JAC	0.78	6.6	2.14
瑞光	0.34	5.4	0.43
ベクトル	1.18	10.6	2.44
アドウェイズ	0.69	17.3	2.28
セリア	0.1	7.98	0.88
ファンコミュ	1.2	11.2	2.53
ジェイアイエヌ	0.66	16.8	5
MonoraRO	0.69	15.6	4.34
リロＨＤ	0.18	6.2	1.2
ガンホー	2.2	17.8	3.1
ニトリ	0.99	24.5	1.5
ヤマダ電機	0.48	17.5	0.8
ファーストリテイリング	1.25	30.0	2.52
サンプル平均	0.7	12.9	2.0

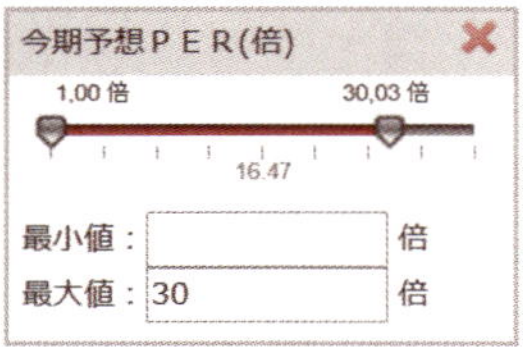

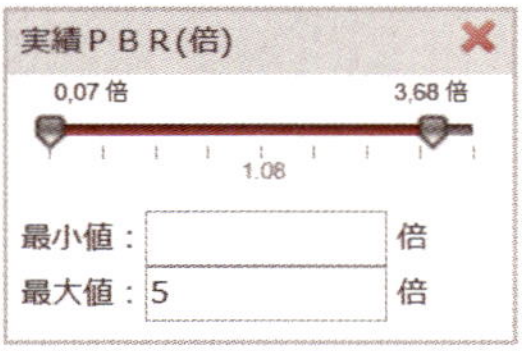

「会社四季報オンライン」で効率よくスクリーニング

ここまで実際に10倍株となったサンプルを参考に、チェックすべき15のチェック・ポイントを提示してきました。このポイントを効率的に活用できるのが四季報オンラインのスクリーニング機能（有料）です。図3-14にて、簡単に使い方の流れを掲載していますが、こうしてスクリーニングで絞り出した「10倍株の卵」は、30銘柄でした（2017年1月2日選出）。

全上場会社の数が3541社（2017円1月4日現在）ですので、全体の0・8％にまで候補を絞り込むことができました。

そして、ここから営業CFが2期連続マイナスの日本アクア（1429）、有利子負債が現金同等物の5・5倍あるネクステージ（3186）、予想PSRが6倍のダブルスコープなど法則に適合しない銘柄を外します。

さらに、15のチェック・ポイント⑩にある「自分目線」で、海外展開がしにくく優位性が理解しにくい日本の住宅関連株や差別化の色がよくわからない結婚式場の会社などを除いて、残ったものの中からピンときた銘柄が第2章の10選です。

❏ 3-14

①会社四季報オンラインにてツールのスクリーニングをクリック

https://shikiho.jp/tk/

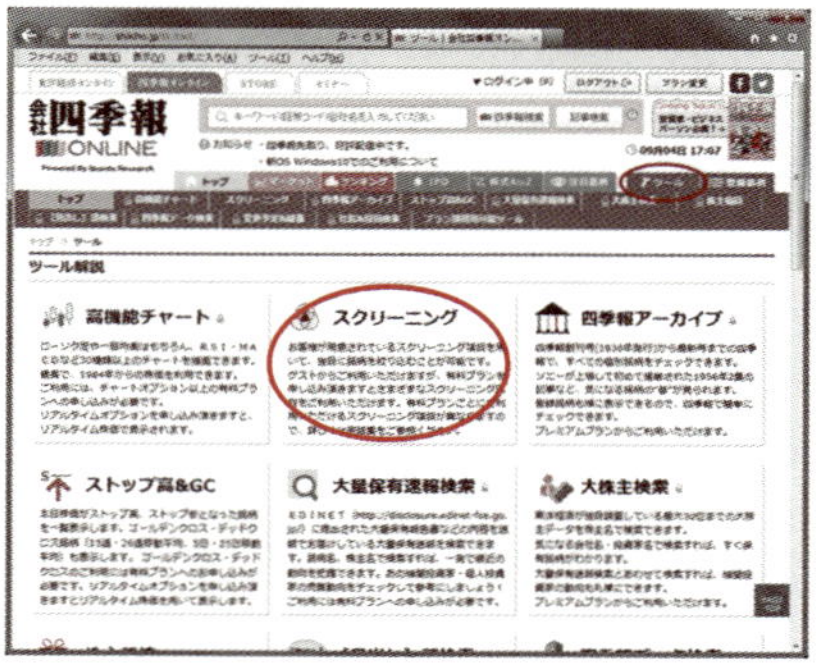

②検索条件の追加をクリックして、前述した条件を入力

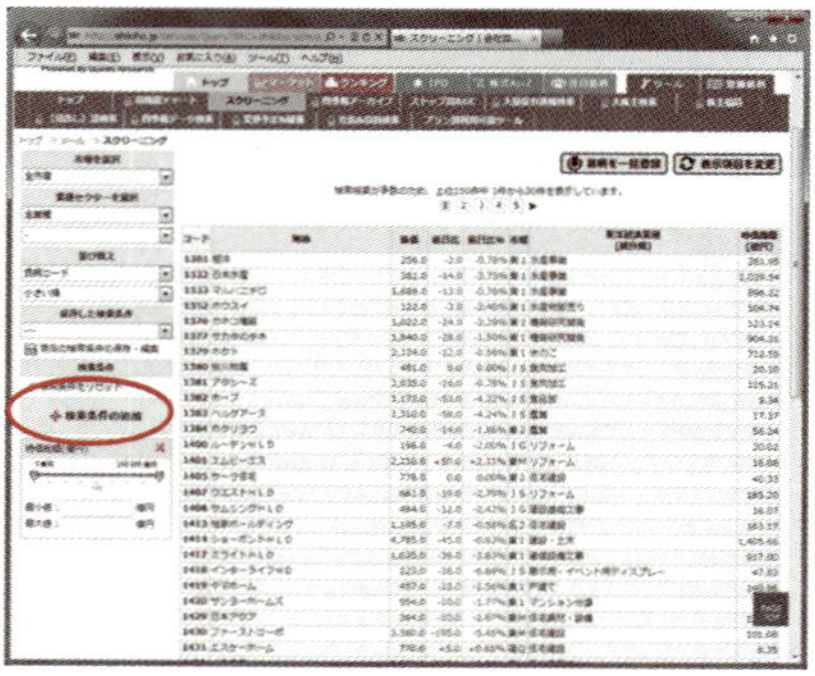

③検索結果から、残りの条件や自分目線で成長企業を厳選する

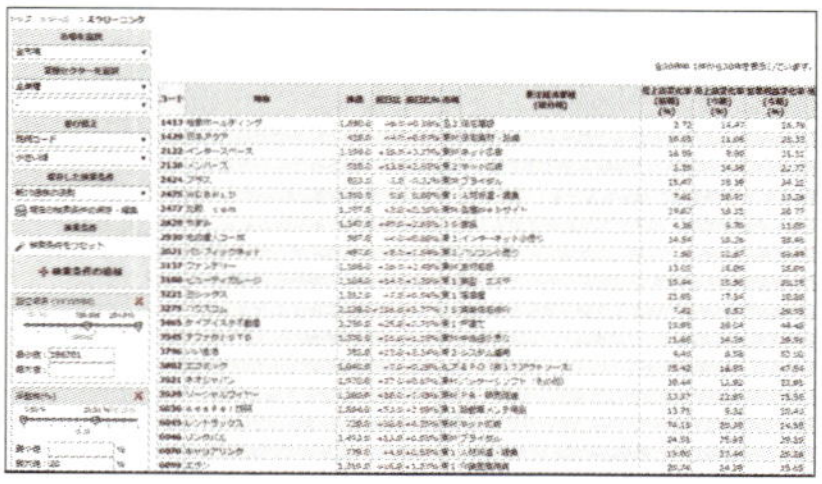

テーマで探す10倍株！時代のメガトレンドを意識しよう

さて、今度はテーマで探す方法をご紹介します。もしかすると、こちらのほうが読者の方にとって馴染みやすい発掘法かもしれません。

われわれが成長株を見つける際、時代のトレンドをイノベーターとして創っていきそうな会社を見つけることができたら、相当ラッキーです。

例えば、ウォルマートのスーパー、ソニーのウォークマン、セブンイレブンのコンビニ、グーグルの検索、アップルのスマホ、アマゾンのＥＣなどの展開初期に株を買っていれば、１００万円が１億円、３億円という夢を見ることができました（次ページ図３-15）。

ただ、そのような大成功を収めるイノベーターを探すことは相当難易度の高いこと

❑ 3-15 イノベーター・カンパニーの素晴らしき株価上昇

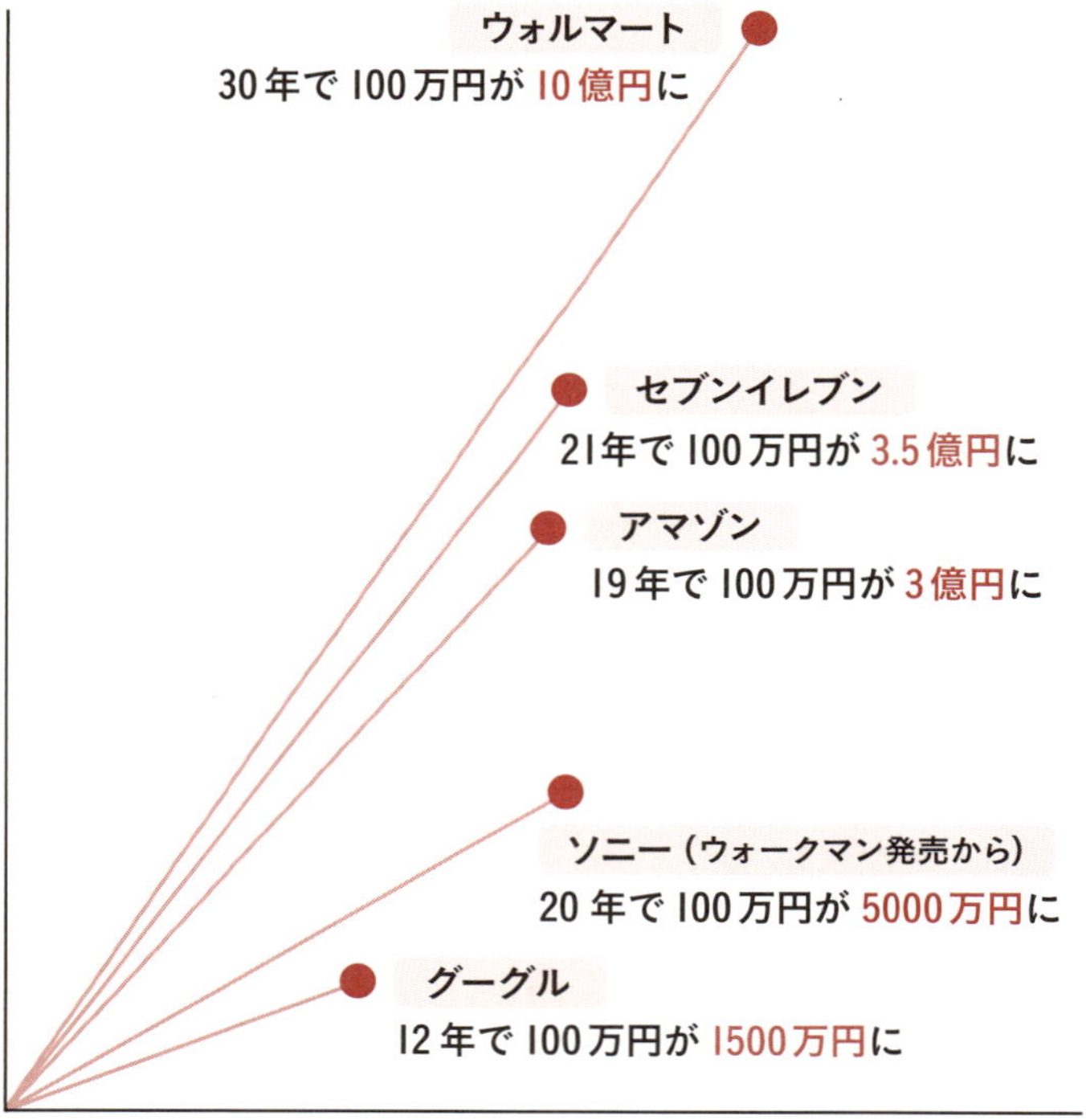

ウォルマート
30年で100万円が10億円に
セブンイレブン
21年で100万円が3.5億円に
アマゾン
19年で100万円が3億円に
ソニー（ウォークマン発売から）
20年で100万円が5000万円に
グーグル
12年で100万円が1500万円に

投資で未来を豊かに!

企業のイノベーションは社会を豊かにし、
あなたを豊かにする。
まだ花の咲く前の「芽」に、あなたがお金という水と肥料を与えることは、社会を豊かにすることにつながるかもしれない

でもあります。

そこで、私たちにもやさしくできると思われることは**時代のメガトレンドに乗って、時代の追い風を背景に業績を伸ばしていくトレンドライダーともいうべき企業を探すことです。**

例えば、バブル崩壊後の10年後に、「デフレ」という大きなメガトレンドの中で「安かろう、しかし品質はなかなか良かろう」を提供したユニクロやニトリを買っておけば資産10倍を叶えることができました。

このようなトレンドライダーとなる企業を見つけるために、まずは時代のメガトレンドをしっかりと捉える必要があります。

注目テーマ株が大チャンス！第4次産業革命

では、現在の時代のメガトレンドとはどんなものでしょうか。

次ページ図3-16を見てください。これまでのメガトレンドは、第1次産業革命、第2次産業革命で生まれたものづくりの技術。そして、次にコンピューター、インターネットを中心とした第3次産業革命と呼ばれるデジタル技術がありました。

私は**次のメガトレンドは、「ものづくりの技術」「デジタル技術」「生命を操る技術」の3つを融合したイノベーションである「第4次産業革命」**がそれにあたると考えています。今まさに、われわれは第4次産業革命の真っただ中にあって、それが今後10年、20年続いていきそうだということを覚えておいてほしい。

そして、「第4次産業革命」でトレンドライダーとなる企業を投資先として検討する際には、それに関連したキーワードを意識することが重要です。

❏ 3-16　4つの産業革命

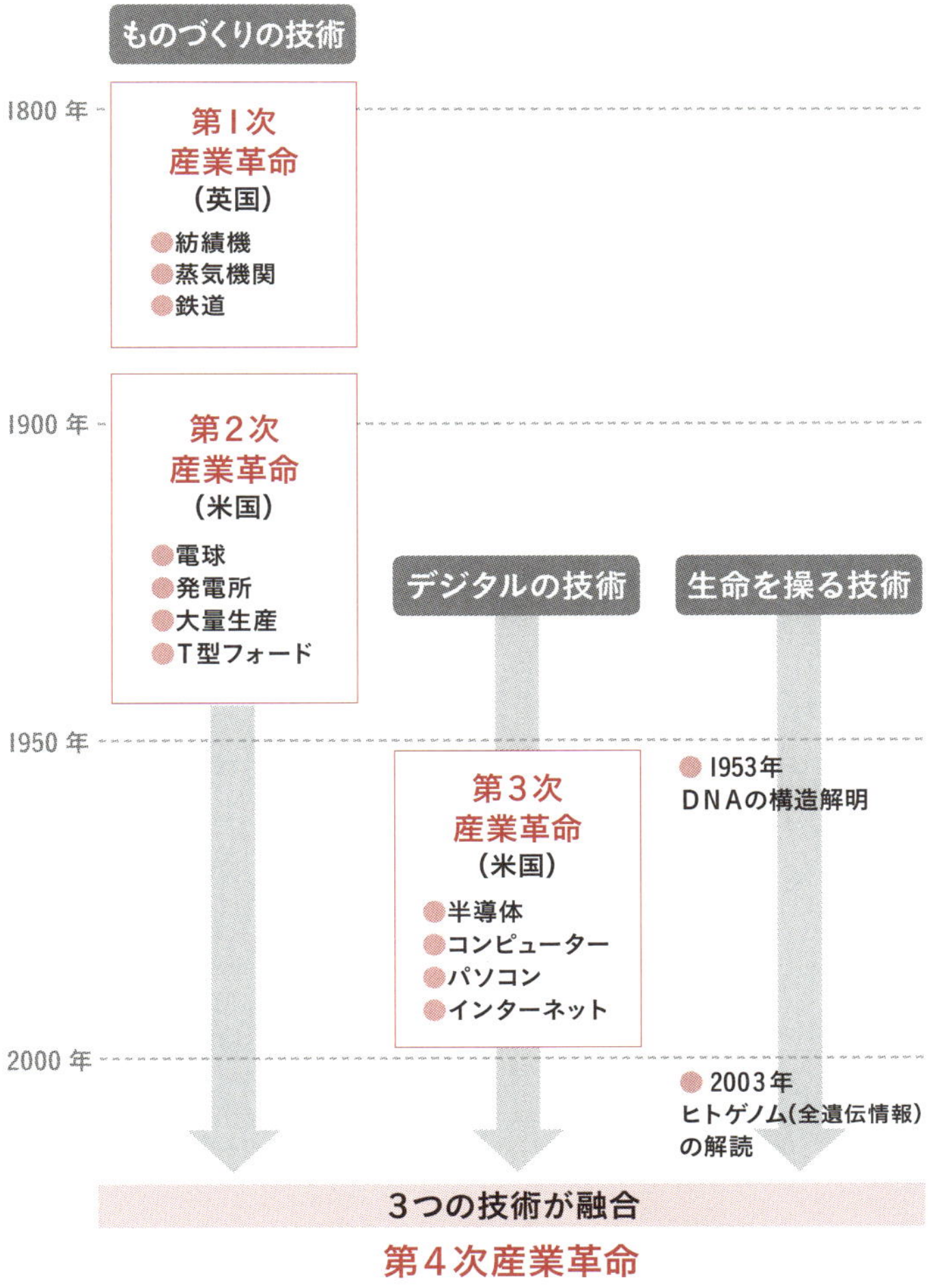
ものづくりの技術
1800年
第1次
産業革命
（英国）
紡績機
蒸気機関
鉄道
1900年
第2次
産業革命
（米国）
電球
発電所
大量生産
T型フォード
デジタルの技術
生命を操る技術
1950年
第3次
産業革命
（米国）
半導体
コンピューター
パソコン
インターネット
1953年
DNAの構造解明
2000年
2003年
ヒトゲノム（全遺伝情報）
の解読
3つの技術が融合
第4次産業革命

図3-17に、第4次産業革命に関連する技術キーワードを並べた図解を用意しました。ぜひ、第4次産業革命関連ワードとしてチェックしていただきたいと思います。

2017年は、人工知能やIoTといった第4次産業革命と言われているイノベーションビジネスが続々と実社会で活用されていくでしょう。

3年前の自著にてトヨタが自動運転やEV開発に追い込まれていくだろうとの見解を述べたことがありましたが、そのトヨタですらテレビCMで自動運転のメリットを障害者のドライバーに夢を与えるものとして紹介するまでになりました。IoTや寿命200年時代を見据えた遺伝子の解析・編集など、今年も多くの画期的なニュースを耳にすると思いますが、こうした技術をうまく活用する企業も飛躍をしていくことでしょう。

❏ 3-17　第4次産業革命の技術キーワード

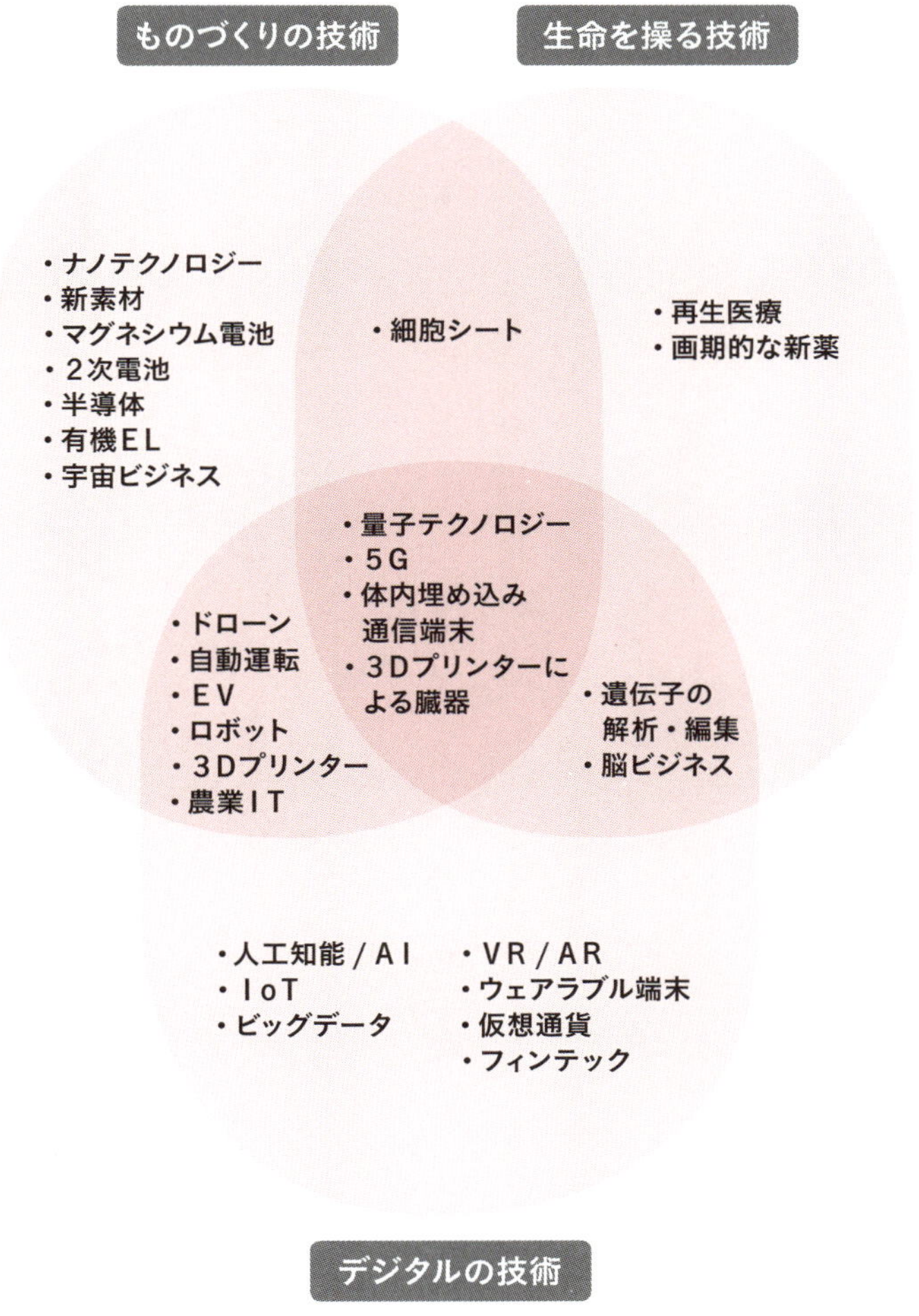
ものづくりの技術
生命を操る技術
・ナノテクノロジー
・新素材
・マグネシウム電池
・２次電池
・半導体
・有機ＥＬ
・宇宙ビジネス
・細胞シート
・再生医療
・画期的な新薬
・量子テクノロジー
・５Ｇ
・体内埋め込み通信端末
・３Ｄプリンターによる臓器
・ドローン
・自動運転
・ＥＶ
・ロボット
・３Ｄプリンター
・農業ＩＴ
・遺伝子の解析・編集
・脳ビジネス
・人工知能／ＡＩ
・ＩoＴ
・ビッグデータ
・ＶＲ／ＡＲ
・ウェアラブル端末
・仮想通貨
・フィンテック
デジタルの技術

世界も国内もキーワードが盛りだくさん

２０１７年はトランプ氏の大統領就任に始まり、２０２０年の東京五輪に向けても国内外で多くの激動が予想されています。

世界的には、まず**トランプノミクス。**ここでは社会インフラ、財政出動、規制緩和、防衛費増額、円安ドル高、資源価格復活などのキーワードに関連した日本株が恩恵を受けると見ています。米国が自国の経済強化に本気になることで、ますます魅力のある国として世界のマネーをひきつける結果になると期待しています。

近著『インド＋親日アジアで化ける日本株１００』に詳細は譲りますが、モディノミクスの改革が本気であるインドや２０５０年には人口が１・５倍に膨らむ消費沸騰のフィリピンなどの新興国は、通貨安などの懸念を長期的には跳ねのけて発展を続けると考えており、その親日アジア圏で稼ぐ日本企業には超注目し続けたいと考えています。

米国とインドを含む親日アジア圏で強みを発揮する日本株に自分の大事なお金を投じることはきっと長期的にあなたを幸せにしてくれるはずです。

国内では円安を追い風にインバウンドが復調し、**東京五輪**に向けた投資もさらに活気を帯びていき、**人工知能の活用、5G通信の開発、リニアや自動運転タクシー、シェアリングエコノミーや民泊**の進展も進むと見られています。**直近で一番楽しみにしているのが、「カジノ」の具体案の進展です。**

個人的に、12月の法案通過に向けてこの分野で投機を行ってきたことで、カジノというビジネスを運営することが巨利を生むことが見えてきたので、この分野は投資案件に格上げしたいと考えています。

特に、セガサミーHDとユニバーサルエンターテインメントに期待をしたい。セガサミーのオーナーである里見家は自民党とのゆかりが深く、ユニバの岡田会長は比ドゥテルテ大統領とのパイプに大化けのにおいがしています。元国際見本市・国際会議のアジアを代表する役職にあった者として、カジノは良識ある大人のビジネスマンの嗜みでもあり、パチンコとは経路のまったく違うものと強調しておきたい。

また、電力・ガスの自由化も引き続きテーマですが、私は電力に関しては来るべきロボットと人間の融合社会で、**電力がロボットのエネルギー源**として重要な位置づけにあり、電力関連にも注目をしています。

他にも、遺伝子編集などで**寿命200年**が当たり前になる世の中に向けて、アンチエイジングや予防医療などの産業も地味に市場の規模を拡大していくことでしょう。

さらには子育て、介護、正社員の副業など**1億総活躍**、オールジャパニーズでの日本経済の活性化、というより沈没防止・GDP拡大に向けて政府も民間もあらゆる手を尽くしていく流れが加速し、働き方はますます多様化していくでしょう。

注目テーマ関連銘柄で火傷する前に知っておくべきこと

注目テーマの関連株に関して、最初に申し上げたいことがあります。

「注目が集まりすぎた手あかのついた企業には手を出すな」ということ。

ロボットで騒がれたときのサイバーダインや、夢のバイオ燃料で騒がれたユーグレナなど、テレビで言えば最大の視聴率を集め、P.E.R.も100倍近くとか100倍を超えるようなものには手を出してほしくないということです。

直近の一例でいえば、2015年末から16年年初にかけて急騰したアイサンテクノロジーという準天頂衛星・自動運転関連の事業を展開する会社があります。年末年始の株雑誌は右も左も「自動運転」がテーマで、どのメディアを開いても同社の紹介がありました。

こんな時は売り時です。

実際に、そこで天井を買ってしまった投資家は2カ月で7割安という地獄を見たのです。逆にこの銘柄が初めて東京ビッグサイトで開かれた国際見本市に出展した2013年の春に、自動運転関連として仕込んだ人は32倍の利益を生むことができました。

私がここでオススメすることは、できるだけ人よりも早く株式市場における未来の有望な材料を探しに、ぜひ産業の見本市に足を運んでほしいということです。加えて、実際の国際展示会場に足を運ぶことが容易にできない人には、日経新聞やTVニュースの他に、いわゆる業界紙のWEBニュースやメルマガだけでもチェックしてもらいたいと思います。そうすることで、人よりも早く有望テーマを連想して投資をすることができます。多くの人の手あかがつく前に先回りするのが重要です。

まずは2倍株狙いの5つの条件

前項で、なるだけ多くの人が気づいていないけれど、後々に多くの人が夢を感じるストーリーを持った会社を発掘して、人よりも先回りする重要性を説きました。

これは、外食店なら気軽に食べに行ってその反響ぶりを見るということだけでもいいのです。この辺りは前出した近著『インド+親日アジアで化ける日本株100』にて詳細を述べているので参照していただけたら幸いです。

しかし、もっと気軽に有望なテーマの関連銘柄を探したいという読者も多いことと思います。そんな時は、無料で使える「株探」が便利です。

このサービスを使えば、現在市場で人気のテーマもランキングでわかりますし、そのキーワードに関連する会社も市場ごとに選出できるようになっています。

あとは、前述した会社四季報オンラインでも検索して探すことができます。

そして、テーマで探す場合は売上の拡大期待が大きいため、10倍株の法則ほど条件を絞らず、まずは2倍株を狙う条件を適応させればいいと思います。以下、先にテーマ株のピックアップ条件を紹介していきましょう。

①時価総額1300億円以下。ただし、現1兆円でも将来10兆円になるイメージがあれば、その規模は問わない
②経営陣か従業員が自社株を保有。ただし、株無し社長でもやる気次第で可もあり
③増収増益予想で、自分目線で時代のトレンド銘柄になる自信があるか
④倒産の心配が当面なさそうか
⑤予想PER70倍超、PBR10倍超、予想PSR7倍超などの超割高でないか

まずは2倍を狙う時はトレンドの勢いも重視し、このようなかなり緩い条件で銘柄を選ぶこともあります。

ただし、この場合はより一層、自分の目線で見据えた会社の将来の成長性に自信がある場合にしてください。私の場合、実際には、10倍株の新法則で効率よく10倍株の

卵を探しつつ、有望なビジネスで売上・利益・株価を2倍以上に上げていきそうな大化け株の両方を探して投資をしていますので、ご参照まで。

なお、初心者で混乱してしまうという人は、法則の適合銘柄に絞って投資されるといいでしょう。その際、仮にあなた目線であなたの見つけた銘柄の時価総額が350億円で10倍株の新法則の条件から時価総額が50億円オーバーしているとか、予想増収率が6％で新法則に1％足りないなどの事例があったとしても、**あなた目線で事業が有望だと感じるのであれば、この項での5つの条件に収まっていれば、ぜひその企業に投資をしてみることをオススメします。**法則をある程度参考にしながら、この点だけは大事にしてください。

では、次ページ図3-18〜20で、先ほど紹介した「株探」と「会社四季報オンライン」を使いながら実際に2倍株狙いの5つの条件を加味しながら、テーマ株を発掘する事例をご紹介いたします。

株探：https://kabutan.jp/
会社四季報オンライン：https://shikiho.jp/

❑ 3-18　テーマ株を株探で見つけてみる（例：IoT）

1. トップページを下にスクロールして、人気テーマで関心のあるものをクリック

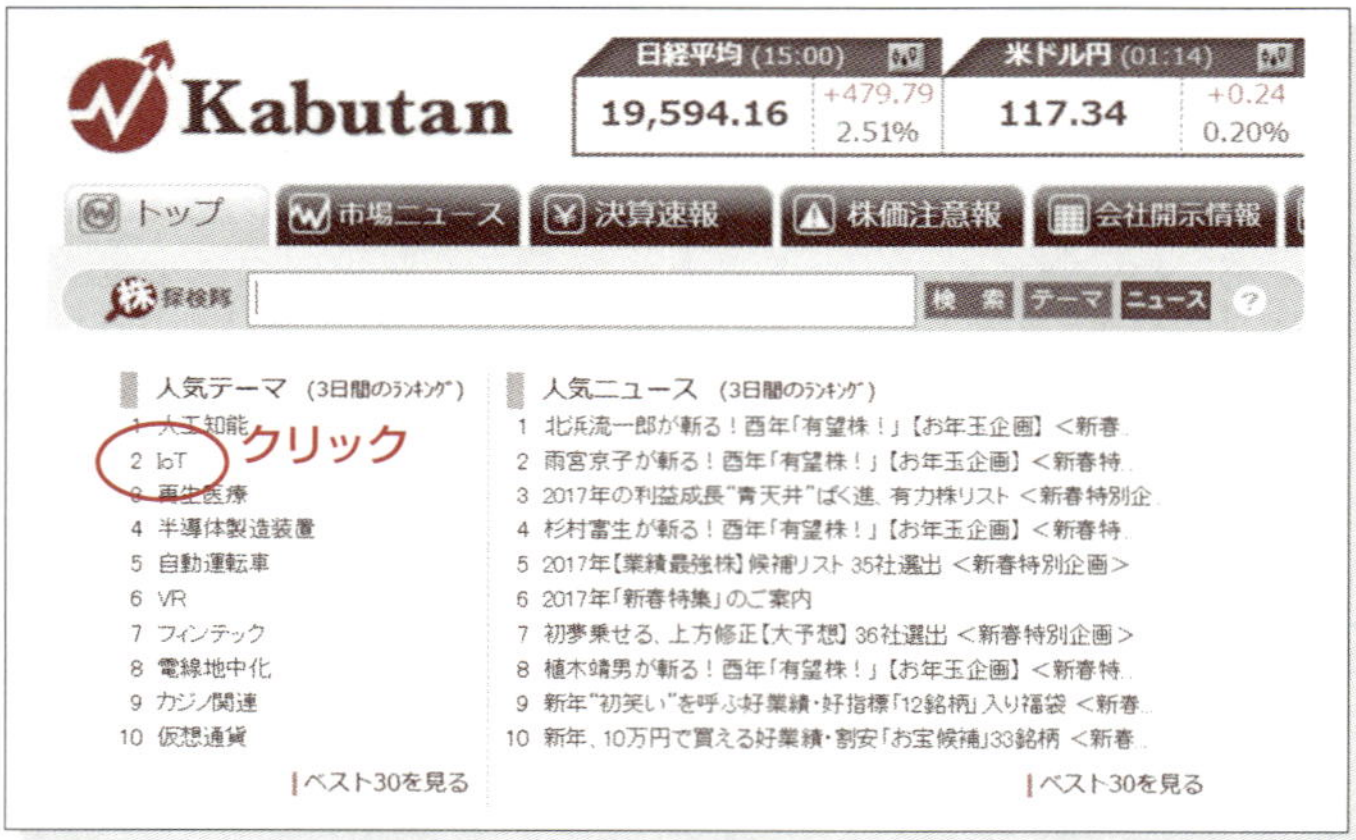

2. 人気テーマの概略がわかりやすく書いてあるので、学んでおく

IoT（モノのインターネット）関連が株式テーマの銘柄一覧

「IoT」はInternet of Thingsの略称。「モノのインターネット」と訳され、あらゆるモノがインターネットに接続されることを意味する。「IoT関連銘柄」は「IoT」事業により利益を生み出す、または利益成長を遂げると期待されている銘柄群を指す。

「IoT」は具体的にはパソコンやスマートフォンなど従来からインターネットに接続されていた情報端末だけでなく、各種センサーや家電、自動車、建設機器、産業機器などあらゆる「モノ」がインターネットに接続され情報を送受信する仕組みを指す。これにより、インターネットに接続された機器の状態をリアルタイムで受け取ることができるようになり、データ化や自動化などが実現され、新たな付加価値が生み出されている。

「IoT」は上述のように「あらゆるモノ」がインターネットに繋がり、そこからより高度な価値を生み出すことを指すため、IoTに関連する銘柄の裾野は極めて広い。株式市場で「IoT銘柄」として位置づけられ、そのことが株価の上昇につながるかどうかは投資家の持つイメージに左右される部分も大きくなると予想される。「IoT」という言葉が普及する前から、この仕組みを事業に取り入れ収益化に成功していた企業は少なからず存在するが、そうした企業が「IoT関連株」として買われるわけではない。株式市場は未来を見るもののため、「IoT」を利用することで、これから成長する企業により大きな期待が集まるとみられる。

日本では2015年に経済産業省と総務省が産学官でIoTの利活用促進を図る民主導の組織「IoT推進コンソーシアム」を設立。技術開発や標準化、各種プロジェクトの創出を図っている。

❏ 3-19　テーマ株を株探で見つけてみる2（例：IoT）

3.リストの中から、超割高になっていないものを探し、各社の情報をチェックする

全市場　市場１部　市場２部　新興市場　人気テーマ ベスト30　株価更新

2017年01月04日 16:00現在 47銘柄

コード	銘柄名	市場		株価	前日比		ニュース	PER	PBR	利回り
2317	システナ	東1		1,800	+15	+0.84%	NEWS	19.2	3.16	2.00
2354	安川情報	東2		935	+7	+0.75%	NEWS	48.1	29.89	－
2359	コア	東1		1,191	+11	+0.93%	NEWS	27.8	2.08	1.68
2743	ピクセル	JQ		411	−18	−4.20%	NEWS	42.7	2.55	－
3669	モバクリ	東1		379	+8	+2.16%	NEWS	23.2	2.00	1.36
3690	ロックオン	東M		2,163	+58	+2.76%	NEWS	－	11.44	0.23
3694	オプティム	東1		5,580	+210	+3.91%	NEWS	85.7	17.01	－
3727	アプリックス	東M		473	+14	+3.05%	NEWS	－	3.66	－
3774	IIJ	東1		1,771	+7	+0.40%	NEWS	26.9	1.23	1.52
3844	コムチュア	東1		3,365	+90	+2.75%	NEWS	16.5	4.82	2.14
3852	サイバーコム	東1		868	+17	+2.00%	NEWS	19.6	1.78	1.50
3858	ユビキタ	JQ		1,033	+33	+3.30%	NEWS	－	3.87	－
3913	sMedio	東M		1,922	+62	+3.33%	NEWS	101	2.33	－
3914	JIGSAW	東M		6,210	+10	+0.16%	NEWS	－	43.88	－
3918	PCIHD	東1		2,637	+10	+0.38%	NEWS	23.6	3.14	1.90
3920	アイビーシー	東1		1,050	+36	+3.55%	NEWS	45.6	4.20	－
3962	チェンジ	東M		4,630	+480	+11.57%	NEWS	109	17.43	－
4288	アズジェント	JQ		714	−11	−1.52%	NEWS	－	1.90	－
4689	ヤフー	東1		452	+3	+0.67%	NEWS	－	2.99	1.96

ここでは、2317のシステナを事例として取り上げます。
ＰＥＲが安いということは、大人気のテーマ株にも関わらず、まだあまり期待をされていないということを意味しています。

しかし、会社四季報チェック後に、会社のＷＥＢをチェックしてみると、大化けするかもしれない「変化の芽」にあたる情報の記載を発見。

法則で探す10倍株の選出と違い、自分の嗅覚が試される探し方がテーマ株の醍醐味だろう。

❏ 3-20　テーマ株を四季報でチェック（例：IoT）

4. チェック・ポイントに合わせて銘柄のファンダメンタルチェック

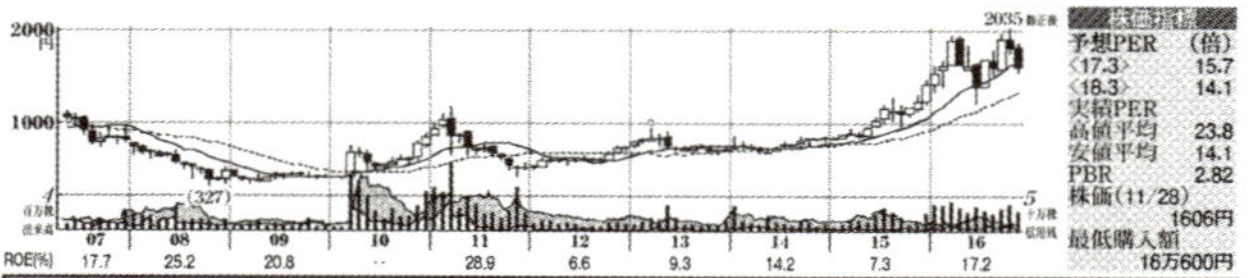

2317 (株) システナ　【情報・通信】　↓前号比減額　会社比強気

【特色】ソフト開発支援が主。端末向けから車載向け等にシフト加速。運用・保守も。配当性向40%以上
【連結事業】ソリューションデザイン33(11)、フレームワークデザイン12(13)、ITサービス13(8)、ソリューション営業39(3)、他2(▲3)〈16・3〉
【決算】3月　【設立】1983.3　【上場】2002.8

【連続増益】主力のソフト開発支援は車載・航空管制・IoT関連が好伸。ただ金融向けは後半に厳しさ増す。新商材育成や海外テコ入れを一段加速、関連費積み増し前号より営業増益幅縮小。増配。18年3月期もITサービスや車載向け開発支援底堅い。

【新商材】米マカテ社から独占販売権獲得した新型2次元コード販売開始。米家電見本市にも17年1月本格出展し認知度向上。 ❸

株価指標　予想PER（倍）〈17.3〉15.7　〈18.3〉14.1　実績PER　高値平均 23.8　安値平均 14.1　PBR 2.82　株価(11/28) 1606円　最低購入額 16万600円

ROE(%)　07 17.7　08 25.2　09 20.8　10 ‥　11 28.9　12 6.6　13 9.3　14 14.2　15 7.3　16 17.2

年月【資本異動】		万株
04. 6	分1→4	7.7
05. 2	分1→3	23
10. 4	合併	31
12. 2	消却	28
13. 4	分1→100	2,818

東証	高値	安値
02~14	228000(04)	696(13)
15	1468(12)	835(1)
16.1~11	2035(10)	1214(6)

	高値	安値	出来万株
16. 9	1990	1574	257
10	2035	1772	305
#11	1876	1550	262

【四半期進捗率】3期平均39.7% 今期48.6%(+8.9%)
【格付】—
【業種】通信サービス　時価総額順位 19／97社
【比較会社】4719 アルファシ, 9889 JBCCH, 9749 富士ソフト

【株式】16/9 28,180千株　単位 100株　貸借　時価総額 452億円 ❶
【財務】〈連16.9〉百万円
総資産 22,011
自己資本 13,959
自己資本比率 63.4% ❹
資本金 1,513
利益剰余金 10,037
有利子負債 1,525
【指標等】〈連16.3〉
ROE 17.2% 予17.9%
ROA 9.8% 予11.4%
調整1株益 —円
最高純益(11.3) 2,957
設備投資 233 予‥
減価償却 170 予‥
研究開発 163 予‥
【キャッシュフロー】百万円
営業CF 2,719(2,757)
投資CF ▲623(▲367)
財務CF ▲1,408(▲1,651)
現金同等物 6,634(5,962) ❹

【株主】単6,762名〈16.9〉万株
SMSホールディングス(有) 673(23.8) ❷
自社(自己株口) 367(13.0)
日本トラスティ信託口 167(5.9)
自社社員持株会 98(3.5)
日本マスター信託口 85(3.0)
BNPパリバ(Lux)J.FIMルクF.UCITS 55(1.9)
ガヤ・アセットマネージャー(有) 33(1.1)
三浦賢治 28(1.0)
国分靖哲 26(0.9)
日本トラスティ信託口1 21(0.7)
〈外国〉12.9%　〈浮動株〉14.8%
〈投信〉7.0%　〈特定株〉55.6%
【役員】(会)逸見愛親 (社)三浦賢治 (専)淵之上勝弘 (常)甲斐隆文 (取)河地伸一郎 石井文雄 田口誠 鈴木行生* 小河耕一* ⇨欄外
【連結】ProVision, 東京都ビジネスサービス ❹

【業績】(百万円)	売上高	営業利益	経常利益	純利益	1株益(円)	1株配(円)
連12. 3*	30,630	1,822	1,918	904	30.6	29
連13. 3*	31,662	2,244	2,292	1,203	44.0	30
連14. 3	33,969	1,656	1,746	1,797	69.2	30
連15. 3	36,951	2,226	2,322	940	37.0	30
連16. 3	42,695	3,172	3,208	2,249	90.6	32
連17. 3予	47,800 ❸	3,800	3,800	2,500	102.0	36~40
連18. 3予	49,800	4,300	4,300	2,800	114.3	36~44
中16. 9	21,694	1,687	1,627	1,057	43.1	18
中17. 9予	22,600	1,800	1,800	1,100	44.9	18~20
会17. 3予	45,800	3,474	3,475	2,303	(16.5.10発表)	

【配当】	配当金(円)
15. 3	15
15. 9	16
16. 3	16
16. 9	18
17. 3予	18~22
17. 9予	18~20
18. 3予	18~24
予想配当利回り	2.24%
1株純資産(円)〈連16. 9〉	569.6 (542.0)

【本社】105-0022東京都港区海岸1-2-20 汐留ビルディング ☎03-6367-3840
【大阪支社】大阪市北区茶屋町19-19
【横浜事業所】横浜市西区みなとみらい2-2-1
【従業員】〈16.9〉連2,556名 単1,980名(34.0歳)年513万円
【証券】上東京 幹(主)大和(副)野村, 東洋 名三井住友信 監あずさ
【銀行】みずほ, 三井住友, 三井住友信, 三菱U信, りそな, 三菱U
【仕入先】シネックスインフォテック
【販売先】パナソニック

2017年1集

❶時価総額 452 億円でまずは 2 倍狙いなら、余裕の許容範囲

❷筆頭株主（法人）は社長の資産管理会社（ググってわかります）でベスト！

❸増収増益予想で、現在世界一注目される見本市「ＣＥＳ」に出展するのは、成功すれば大化けヒストリーに発展があり得ますね

❹自己資本比率は 60％超、営業ＣＦは 2 期連続マイナスでもなく、有利子負債対現金同等物比率も 1513 ÷ 6634 ＝ 0.23 で問題なし

❺予想ＰＥＲ 20.29、 ＰＢＲ 3.32、予想ＰＳＲ 1.06 で割高ではない

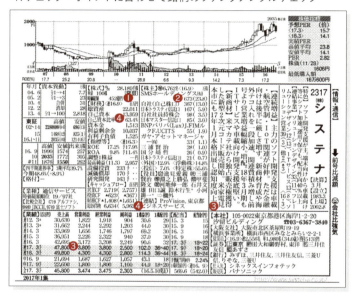

最新の会社決算説明書やプレスリリースのチェックを怠らない

第2章で紹介した10倍株10選の各銘柄でも会社決算説明書で注目すべき点を抜粋して掲載しましたが、自分が投資をしている、もしくはこれから投資をしようと考えている会社の情報収集は、株式投資をする者としてチェックを怠ってはいけません。

141ページ図3‐21は、「システナ」の公式WEBのプレスリリース（2016年12月27日）の内容を一部抜粋したものです。

いま世界で一番注目の高い国際見本市CESにて売上拡大を目指して出展することも評価できますが、世界初のドローンは大化けの芽になるかもしれません。「世界初」のドローンが本場の米国でどの程度評価されるのかが気になるところです。

同社が見据えている需要ポイントは正しいと思いますので、見本市への出展後にどのような成果につながるのかを注目しておきたいと思います。

「会社四季報オンライン」でピンポイント検索

今、私が最も熱い視線を注ぐフィリピン。もちろん、インドが一番有望だと思っているのですが、日本においてフィリピン経済の情報が手薄で、そのギャップに魅力を感じています。なぜなら、昨年のアジア・ショッピングモールを巡る旅で最も消費熱が高く、人口も約30年で1・5倍のアジア最大の増加率が見込まれている国だからです。

そして、四季報オンラインで「フィリピン」と検索すると、四季報本文の検索ができるので関連銘柄を集めるのに役立ちます（図3-22）。

図のＡＷＳＨＬＤは、早くからフィリピンで成功している点で、時代を見る目を感じました。

なお、巻末にテーマ注目株の付録として、私が注目するテーマ株25をつけましたので、こちらもぜひご参照ください。

❏ 3-21

◆CES 2017 について

CES（Consumer Electronics Show）は、全米家電協会（CEA）が主催し、製品とテクノロジーの最新情報提供を目的として、1960 年代から米国ネバダ州ラスベガス市で開催されている世界最大級の見本市です。

出展企業は約 4,000 社、世界 158 か国から 17 万人を超える来場者が参加するイベントとなり、IoT、ロボット、自動運転、AI など様々な革新的技術が展示され、ハイテク産業の動向を占う展示会として認識されています。

◆出展のみどころ

CES 2017 では、システナが持つ IoT のトータルソリューションに LoRa やドローンを合わせ、超広域エリアをカバーできる「世界初の LoRaWAN 搭載ドローン」を展示します。これによって広大な牧場での家畜管理や広大なエリアでの貨物等の追跡が可能になります。

特に家畜管理については、国連の調査では 2050 年までに世界人口が 23 億人増加、それに伴った食料消費量は 70%増加し、食肉生産は今よりも 2 億トン増やさなければならないとも予測しているため、今後のマーケットの拡大が見込まれます。

Systena America Inc.はシステナおよび子会社の株式会社インターネットオブシングスと連携し、IoT に関するグローバルな取り組みを始めております。すでに IoT/M2M プラットフォーム「SmartAttach」を中心に IoT のトータルソリューションを提供しておりますが、新たに「世界初の LoRaWAN 搭載ドローン」をサービスに追加し、今後の需要を開拓してまいります。

❏ 3-22

会社四季報 ONLINE
Powered By Quants Research

フィリピン ×

お知らせ ・LINEスタンプできました

トップ　マーケット　ランキング　IPO

トップ　新着　連載　四季報速報　予想更新一覧　適時開示

トップ ≫ 四季報検索結果

「フィリピン」で四季報検索した結果一覧

16 3937 ＡＷＳＨＬＤ

【順　調】システム開発は海外が円高で目減り。だが、国内は大型案件の受託に加え新規開拓進む。医療関連ソフトも導入医療機関数が順調増。フィリピン拠点の業容拡大による採用費吸収。18年3月期は新規の医療ビッグデータ分析が貢献、営業益続伸。

【ＺＭＰ】自動運転車開発企業向けテストツール発表、ＺＭＰに提供へ。ＩＢＭワトソン日本語版を活用した新サービス開始。

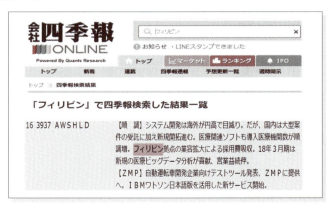

第4章

安く買って高く売る
10倍株投資のやり方

10倍株売買の基本スタンスとは？

もし株が難しいとするならば、有望株を選ぶ以上に売買のタイミングではないかと思います。そして、投資家それぞれで投資のスタンス、想定期間、目標利回り、運用金額が違います。私ですら、運用金額が100万円と1億円では同じようにポジション構築はできません。そのため、どうしても読者間での違いを1冊の本で享受することは容易ではありません。

実際に、景気循環の5年程度を前提に長期投資する人、春に投資をしたら夏には儲けたいせっかちな人など投資期間が様々なことや、投資資金も10万円の人もいれば、10億円以上の人もいます。

そこで、株の売買については初級編と上級編とに分け、初心者の方は最低限の初級編と図4-1で示す投資で勝つ人と負ける人の特徴をよく頭に叩き込んで、時々この本で復習しながら投資に臨んでいただけると幸いです。

❏ 4-1　最後に儲かる人=勝ち組、損する人=負け組

OK 勝ち組		NG 負け組
○必要な知識がある ○ルールを設定できる ○目標がしっかりある ○情報収集を怠らない ○有望な企業 - 強い株価 - 自分目線での将来性 - 事業を理解できる - 価値に比べ割高でない - 財務が悪くない	選ぶ	×必要な株の知識がない ×情報を鵜呑みにする ×著名な大企業 ×株主優待が魅力的 ×旬の注目テーマ株 ×予算内で購入できる ※単純に予算だけを判断の基準にし、その銘柄の有望性を熟慮しない
○チャートをチェック ○上昇期待のタイミング	買う	×チャートも見ずに「なんとなく」買う ×余裕資金以上のお金を株につぎ込んでいる
○時間軸を長く取る ○定期的に株価チェック ○情報収集を怠らない	保有	×値動きに一喜一憂
○利益確定、撤退の判断が的確にできる	売り	×欲をかきすぎて冷静な判断で売れない ×不納得保有（塩漬け）

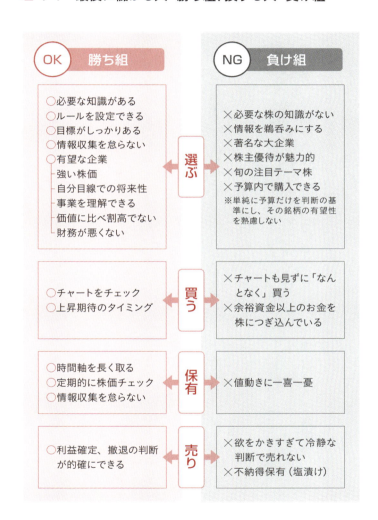

初級編　たった1つの「大化け加速サイン」を見逃すな

第3章で検証した10倍株のデータ日には、1つの共通点があります（上場して1年半未満の会社を除く）。

それがチャート上で株価上昇のピッチが速まりやすいサインである「大化け加速サイン」が出現してから、株価が10倍高になったという点です。このサインは小学生でも教えれば見間違えないほど簡単なもので、チェック・ポイントは週足チャートの3点のみ。

「大化け加速サイン」3つのチェック・ポイント

①1年半終値高値の株価（年初来高値に半年分プラスする部分に情報価値がある）

②平均以上の出来高（その週足内の平均的な出来高より多いことが必要。それ以外は無効）

③上昇優位のローソク足（ローソク足の上昇部分が下落部分より大きいかどうか。陰線か陽線かは問わない）

次ページ図4‐2は「瑞光」の週足チャートです。「大化け加速サイン」が出現した2010年11月24日の点線で囲われた部分をご覧ください。

「大化け加速サイン」である①1年半来の高値、②平均以上の出来高、③上昇優位のローソク足という3つの条件をすべて満たしているのがわかると思います。

また、特に初心者の人にとっては、一見するとすでに株価は高いように見えるので、高値掴みを心配する人もいるかもしれません。しかし、10倍株になるような急成長する銘柄は、新高値からあっという間に急騰するのが特徴の1つです。

第3章で述べた「10倍株の見つけ方」で候補を絞ったら、その銘柄の週足チャートをチェックして、「大化け加速サイン」が現れたことを確認してからすぐに仕込むという、初心者にもオススメの「後出しじゃんけん」投資術です。

❏ 4-2 「大化け加速サイン」3つのチェック・ポイント

一見、サイン点灯時（☆）の株価は高いように思えますが、新高値からさらに急騰するのも大化け株の習性です

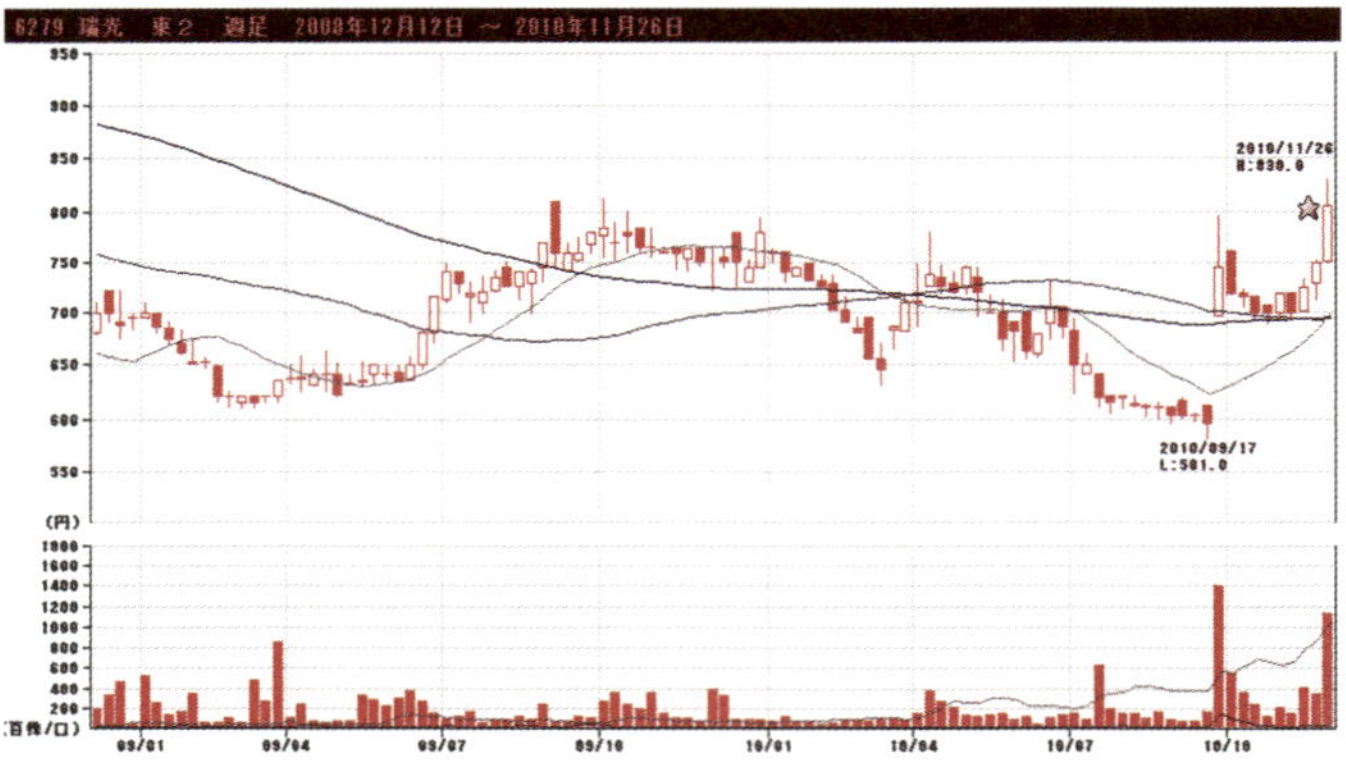

①+②+③が揃った大化け加速サインの翌週に買い、株価は直後に急騰

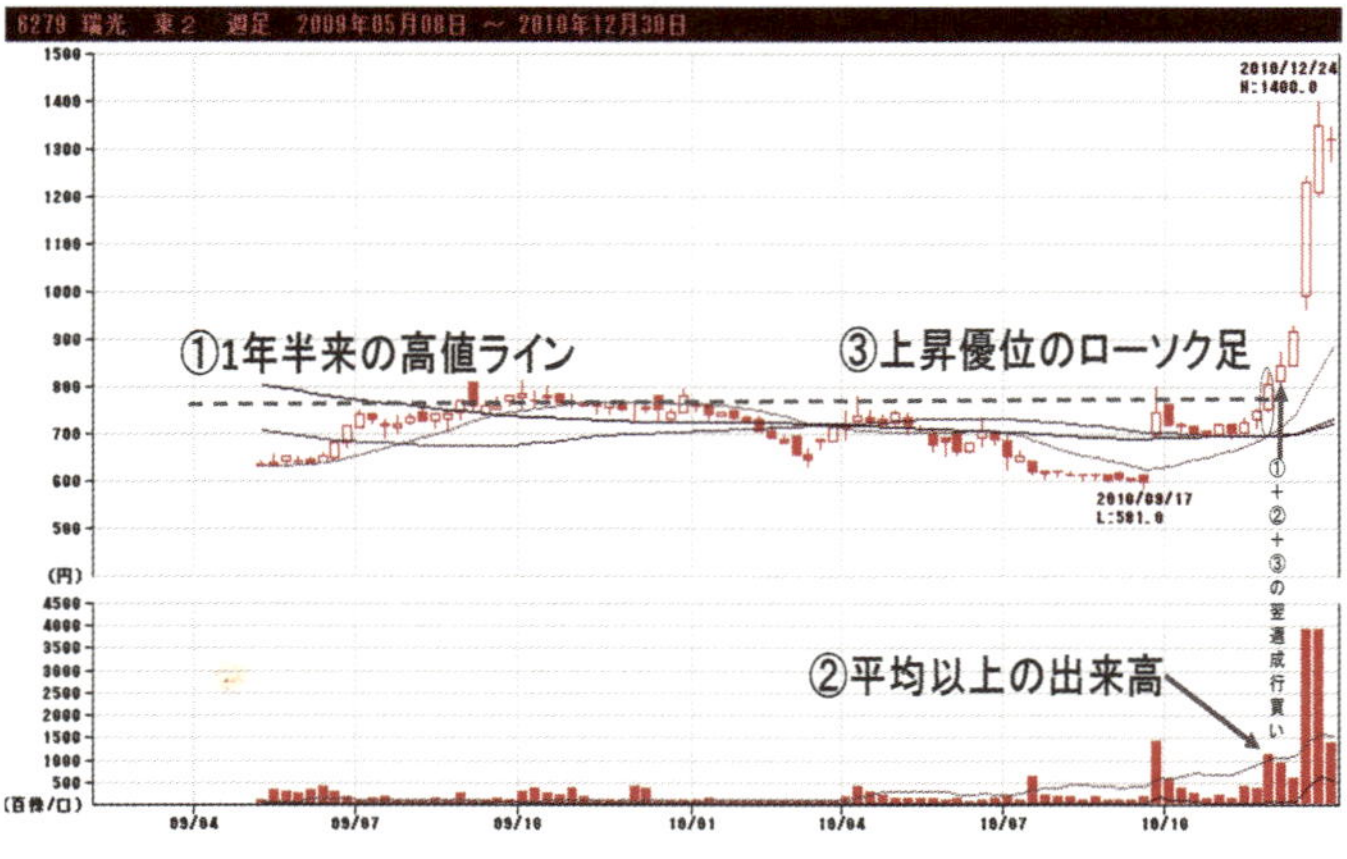

初級編 株を売るのは、2倍高・10倍高達成を目標にする

ここでは、初心者の人にオススメの非常にシンプルな売り方を紹介します。
それは、2回に分けて売る方法です。

仮に5万円の銘柄を10万円分(2単元株)買っていたとして、その後の株価が2倍の10万円になったとします。この2倍の時点で1単元株を手放せばあなたの手元には10万円と10万円の価値のある株(1単元)が残ります。その後めでたく株価が買値の5万円から10倍の50万円でテンバガーを達成して売ると、最終的には10万円の投資が6倍の60万円に増えます。おそらく、初心者でも行える簡単なやり方としてはこれがわかりやすくていいかと思います。

「えっ!? 2単元株とも10倍になるまで待っていれば、10万円が100万になるでは

ないか！」と思った人は要注意。それはあくまで結果論。２倍になることはよくあっても10倍はそうそうあるものではありません。株価が上がったからといっても、儲けないで終わる可能性も高いことを指摘しておきます。

一方で、**２倍の時点で売っておけば、その会社が突然まさかの倒産を発表して株券が紙くずになっても、損はありません。**株価が乱高下しても残りはすべて利益となりますから、その後の株価の推移を心の余裕を持って見守ることができますので、オススメしておきます。

❏ 4-3

２倍と１０倍で売ることを目標にする

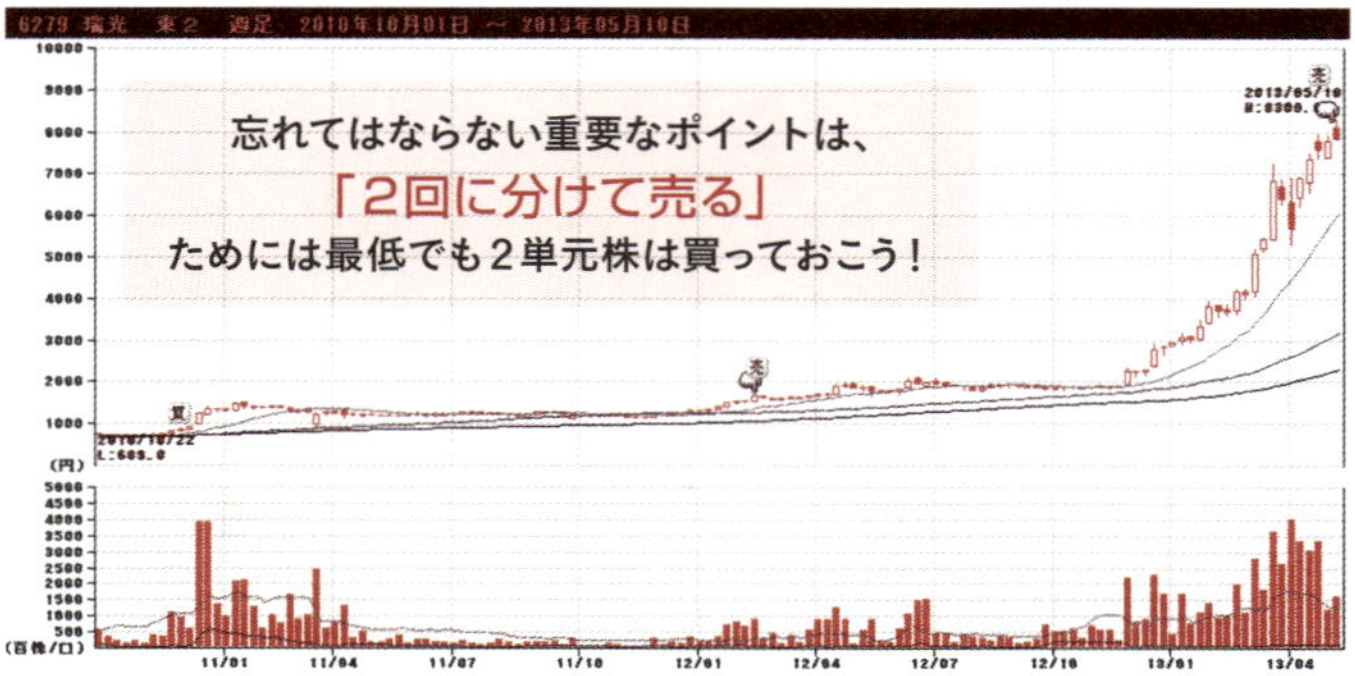

上級編　株を買うべき7つのタイミング

さて、続いては上級編の買い方です。株を買うタイミングは大きく分けて逆張りと順張りがあり、ここでは7つの買いタイミングを紹介します。

株を買って最も儲かるのは逆張りのタイミングです。つまり、金融機関の破たんや失業者の急増する不景気の入り口です。具体的には「政策金利の利下げ」「日銀ＤＩ全マイナス」「景気動向一致指数１００割れ」の３つの経済指標が同時に出た時になります。

資金に少しだけ余裕のある人や、株で本当に億万長者を目指す人は避けては通れない最高の好機です。これは世の中が困っていればいるほど、そこで厳選して買った株を忍耐強く持っていれば、人によっては１００倍株もありうるタイミングです。

次に順張りのタイミングです。

不況の入り口を超えた後は、各足チャートで設定した**移動平均3線すべての上方推**

移にまで株価が上がってきた時や、先述した**大化け株加速サインの点灯した直後とその後の株価調整の際**での買い増しなどが株を買う優良なポイントとなります。

さらには、株価こそすべての情報を織り込んだ最強の財務指標と考えて、**競合あるいは同業の比較会社並びに日経平均株価と比べて、1年半来株価が最も高い時**も順張りで買い増していい強気のポイントになります。

図4-5で実際のチャートで7つの買いタイミングを示しています。

❏ 4-4　7つの買いタイミング

逆張り	①　政策金利の利下げ×日銀DI全マイナス×景気動向一致指数100割れが同時起きた不況サイン時
順張り	②　自分の設定している移動平均線を超えた時 ● 例：13・52・100 週移動平均線を超えた時 ③　大化け加速サイン点灯の翌週 ④　大化け株加速サイン点灯の翌々週 ⑤　③・④の取得価格の 25 ～ 30%下落した時 ⑥　比較会社・日経平均と比べて1年半来株価がもっとも高い時 ⑦　1年半来安値よりも上方で株価が推移、かつ週 or 月足移動平均線に接近した際の押し目時

❑ 4-5　チャートで見る7つの買いタイミング

瑞光を例にした7つの買いタイミング（⑤は発生無し）

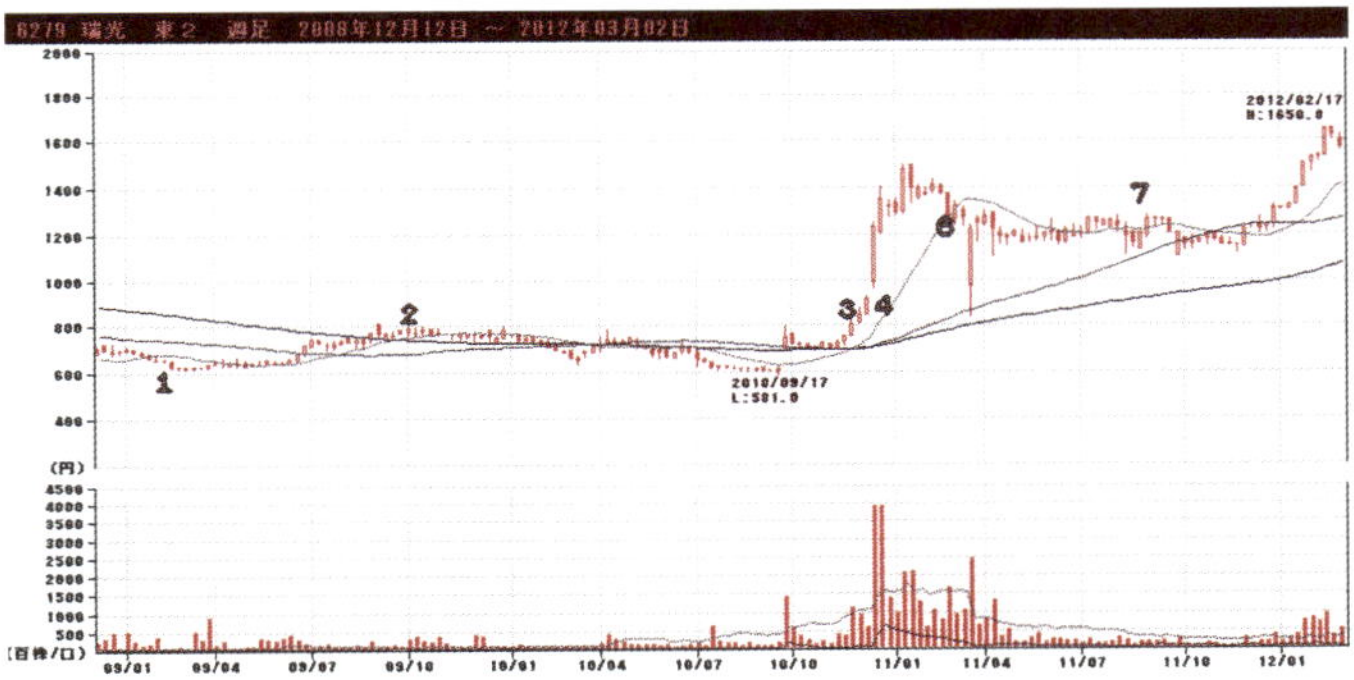

瑞光の株価が2011年1月に日経平均・比較会社で最上位に（⑥の買い）

大化け加速サインと絡む③～⑤の買い方を図4-6で詳しく見てみましょう。これは「ジェイエーシーリクルートメント」の大化け加速サイン発生時の週足チャートを拡大したもので、大化け加速サイン出現後、

③ 翌週に63円で成行買い
④ 翌々週に117円で成行買い
⑤ ③④の後、株価が下落したタイミングで67円で指値買い

大切なことは、大化け加速サインが出たからといって、一気にいっぱいまで買うのではなく、分散するということ、そしてこの絶好の好機を逃さないということです。

図4-7は③のタイミングから最終的に54倍まで伸びた「ガンホー」の例です。

❏ 4-6 大化け株加速サイン・3つの買いタイミング事例（週足拡大）

2124 ジェイエーシーリクルートメント

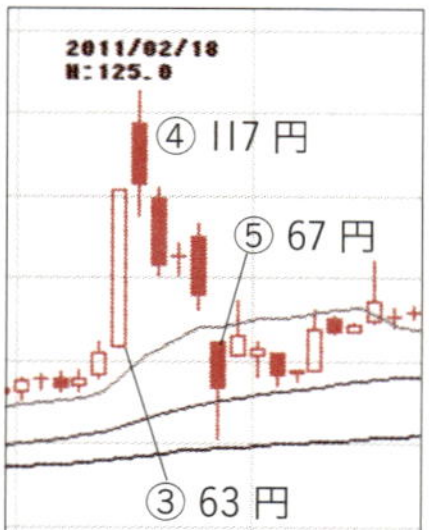

大化け加速サイン点灯後、

◆翌週の成行買い（③）
◆翌々週に成行買い（④）
◆③と④の取得平均株価から25%下落した地点に指値買い。ちなみに、上昇が続いた場合は、⑤の買いは発生しない

大化け加速サインでも買いの時間分散を

❏ 4-7　上昇相場が続けば、⑤の大化けサイン後の押し目買い発生せず

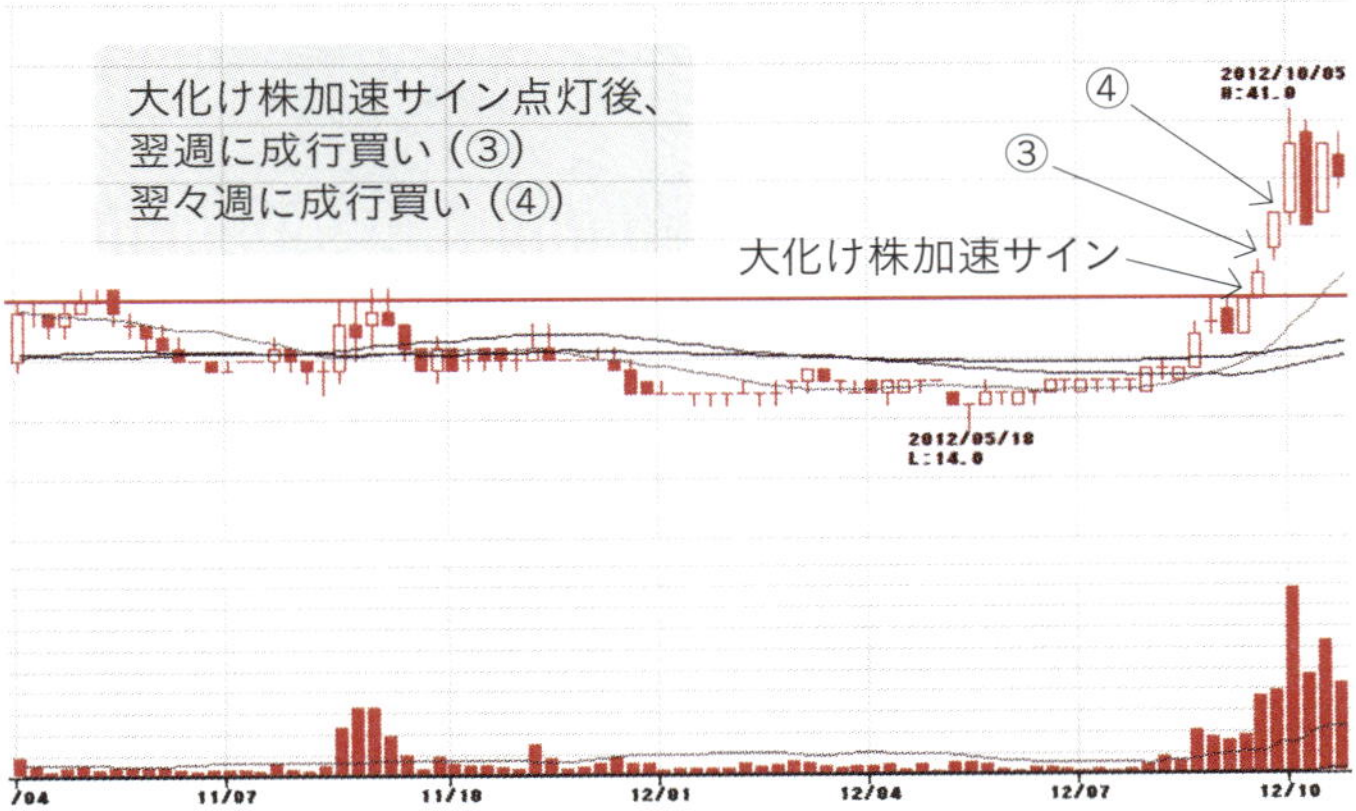

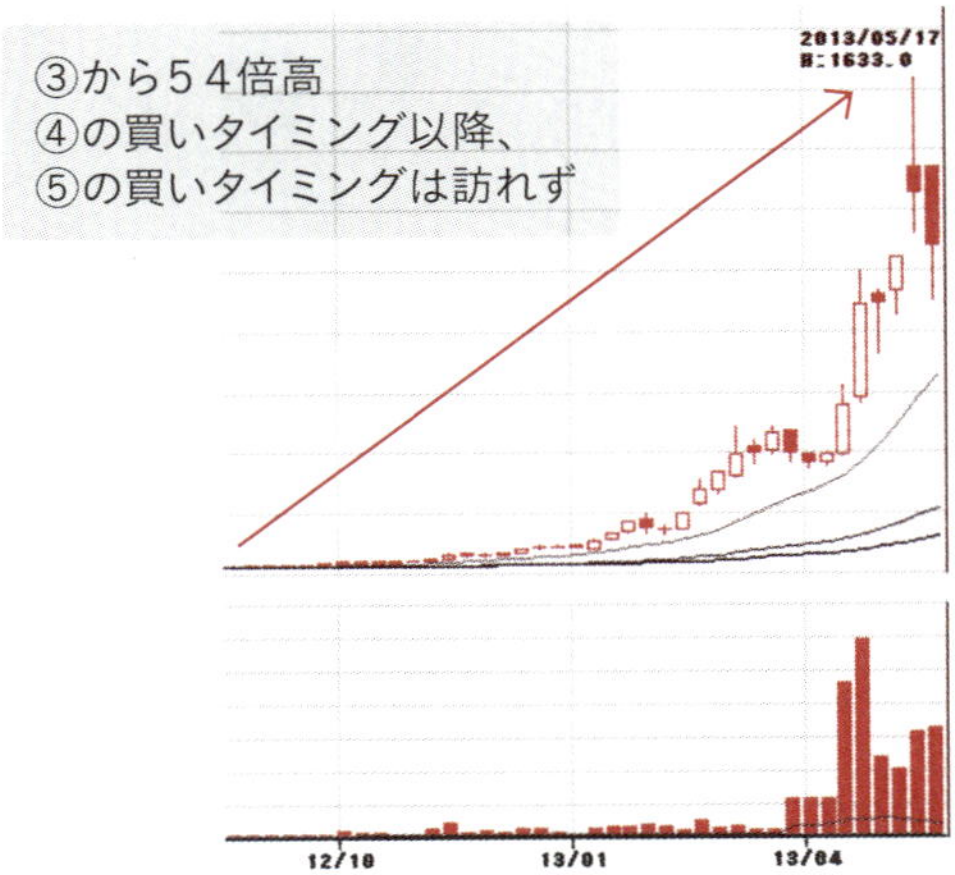

買っていなければ、50倍を超えたガンホーの
超上昇相場は取れなかった

ここまで7つの買いタイミングを見てきましたが、1点だけ補足しておくと、この7つの買いサイン①〜⑦の順番は数字通りに出るとは限らないということです。

図4-8は、超大化け株となった「アドウェイズ」のチャートですが、大化け加速サイン（チャート上で②）の前に、競合・日経平均よりも株価上方推移の位置（チャート上で①）に株価がありました。

図4-9の上のグラフは図4-8に示した①の時点のもので、アドウェイズの株価が競合や日経平均と比べて1年半来の株価が上にあったことを示しています。

そして、アドウェイズもその後、最大24・5倍まで株価が伸びました。

❑ 4-8

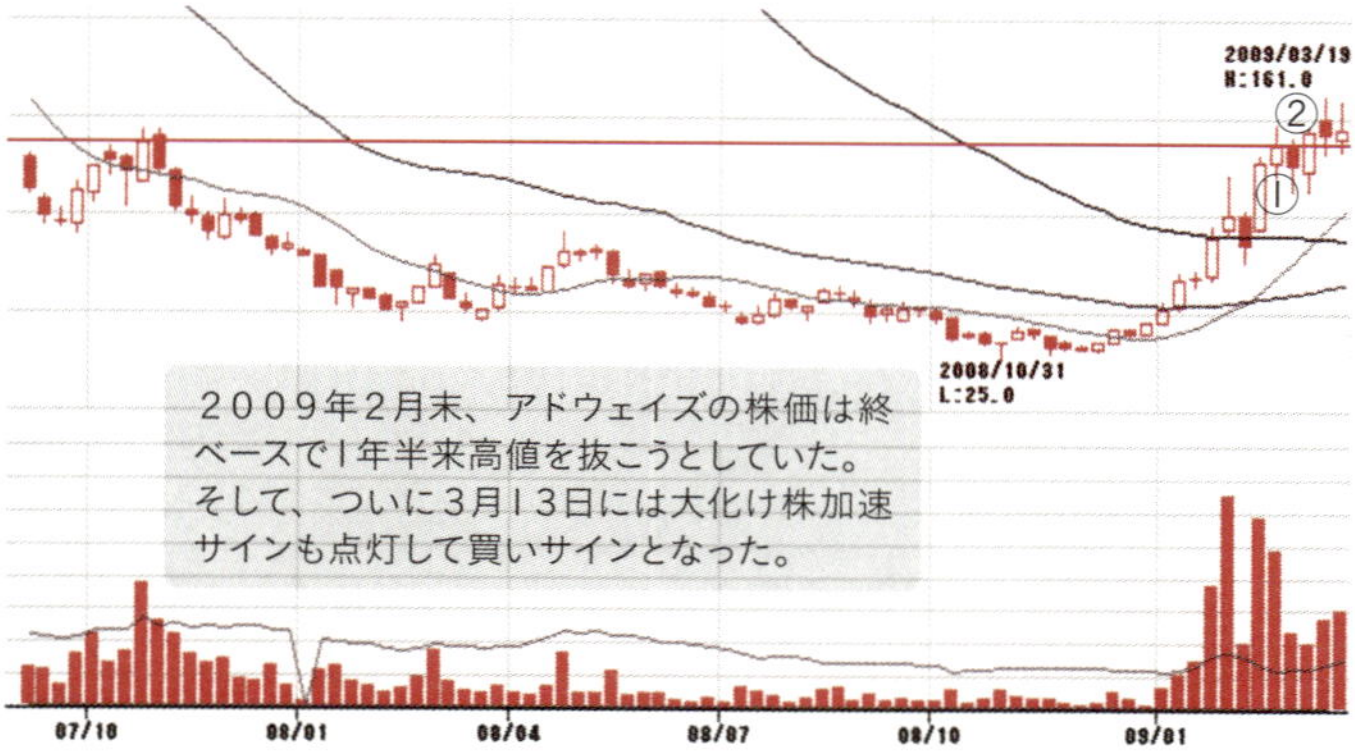
2009/03/19
H:161.0
②
①
2008/10/31
L:25.0
2009年2月末、アドウェイズの株価は終ベースで1年半来高値を抜こうとしていた。そして、ついに3月13日には大化け株加速サインも点灯して買いサインとなった。
07/10
08/01
08/04
08/07
08/10
09/01

❏ 4-9

● 2009年2月末、アドウェイズの株価は日経225より競合より高い位置にあった

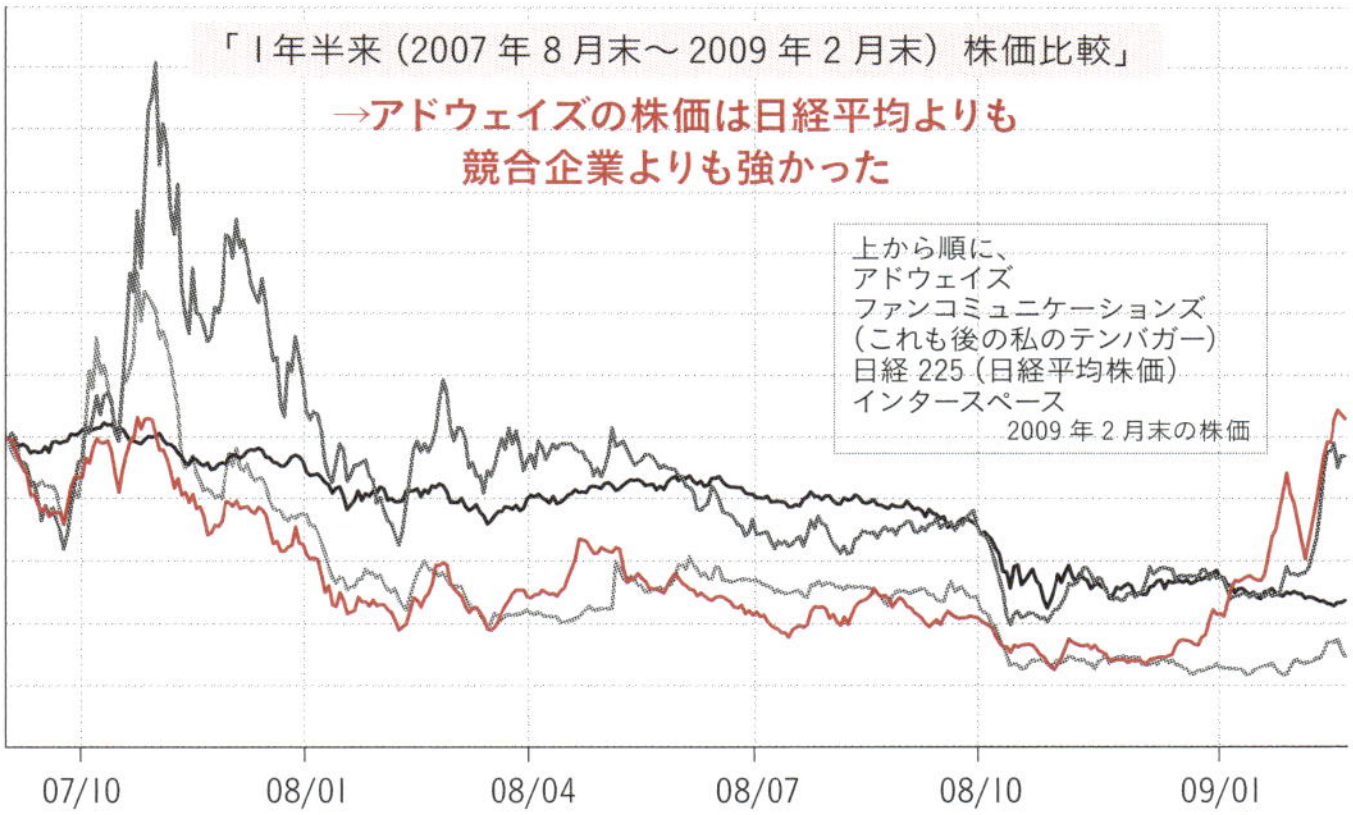

● およそ5年後、ついに株価は20倍株に大化けした

上級編　難しい売りを見極める10のタイミング

売りの最大のポイントは、「買い以上に分散すること」です。

そのために大事なことは、前項で述べたように、**「必ず複数単元株」を買っておかなければなりません。**

最初の売りをする際に、1単元株しか持っていなければ、私も売り時に困ってしまいます。1単元株しか持っていなければ、3日連続ストップ高でもあれば「売らなきゃ」と思ってしまったり、逆に「いや、これは歴史的な相場のスタート」だと思ったり、心の葛藤がきっと出てくるものです。

しかし、その「売り時に悩む葛藤」こそが、投資家を勝てなくさせている最大の要因なのです。よって、売り時は最初から何回も散らす投資戦略を立てておくのです。最初から何度も分けて売る戦略をとっていれば、「売るのがもったいない」などという苦しみから解放されます。

それを実現可能にするためには、何度も強調しますが、複数単元株を買っておいてください。また、これは1銘柄に関してのことですので、これをさらに複数銘柄で行おうとするとそれなりの資金が必要です。

そこで、まだ自己資金がそこまで大きくない人は読み飛ばしていただいても大丈夫ですが、着実にまずは2倍株を狙い、少しずつ投資金を大きくしていくのです。それでも万が一、最初の銘柄で半値になるなど大失敗したとしても、できれば挫けないでほしい。私は大学生の時にITバブル崩壊で最初に買った銘柄で90%ダウンを経験しました。それでも世界長者の歴史を鑑みて、株投資を諦めず、ほぼすべてのボーナスやインセンティブや調達したまとまった金額を株に投じ続け、今の土台を作りました。

まずは焦らず、自分の投資できる金額の範囲から本書の売買テクを自分なりに活かしてください。

では、具体的な売り時と具体的な事例をお教えします。この売り時は、中長期で資産3倍程度を狙うのに有益な売り戦略です。

売りを考える時は「利益確定売り」「心中覚悟以外の銘柄の撤退売り」「その他の売り」の3つに分けられます。

「利益確定売り」は、保有株が3単元未満であれば2倍、3倍、4倍でそれぞれ売り、10倍は狙わないほうがパフォーマンスの上昇につながります（10倍株を狙うなら、前述したように2倍株での利食いを推奨）。保有株が4単元以上であれば10倍、10倍達成後に株価が13週移動平均線を下落優位のローソク足で割り込んだ時が売り時です。

「心中覚悟の銘柄以外の撤退売り」は、予想売上か予想営業利益が前年比でマイナスになった時、1年半内で終値株価が最安値になった時の2つです。わざわざ、心中覚悟の銘柄以外と述べているのは、自分目線で惚れ込んだ企業にとことん付き合うのも投資家の心得の1つだからです。

「その他の売り」は、全体市場での売りサインが出た時、見込んだ将来性が消えた時、他にもっと魅力的な銘柄が出てきた時の3つです。

補足ですが、全体市場の売りサインとは、日米両中央銀行が金融引き締めに転じた時、景気一致指数が115、遅行指数が120を超えるなどの好況時にキャッシュポジションを作るのに伴い、保有株を売ることを意味しています。

図4-10は「売りの10のタイミング」をまとめたもので、それを実際のチャートで示したものが次ページ図4-11になります。

❏ 4-10　難しい売りのタイミング

利益確定売り	①　株価が2倍になった時……利確推奨 ②　株価が3倍になった時 ③　株価が4倍になった時……利確推奨 ④　株価が10倍になった時 ⑤　10倍達成後に、株価が13週移動平均線を下落優位のローソク足で割り込んだ時
心中覚悟の銘柄以外の撤退売り	⑥　予想売上か予想営業利益が前年比でマイナスとなった時 ⑦　1年半内で終値株価が最安値になった時
その他の売り	⑧　全体市場での売りサインが出た時 ⑨　見込んだ将来性の消えた or 誤った時 ⑩　他にもっと魅力的な銘柄が現れた時

保有が3元未満なら、２倍、３倍、４倍でそれぞれ売り、保有が４単元以上でなければ10倍株を目指さないほうがパフォーマンスがいいので推奨しておく。

なお、撤退の売りサインが出た時は、資金の少ない投資家ほど市場からの完全撤退の負けとならないように、ルールに従うことが原則である。

しかしながら、投資した企業と心中してもいいと思えるほどその企業の将来性や経営姿勢を応援している時や、自分目線で自信のある銘柄は、心中覚悟の長期保有をしてその企業を支えよう！

なお、全体市場の長期売りサイン点灯した時には、基本的には次の５年の将来性を吟味して、新たな未来イメージに沿わない銘柄から優先的に手放す。

❏ 4-11　瑞光を例にした 10 の売りのタイミング

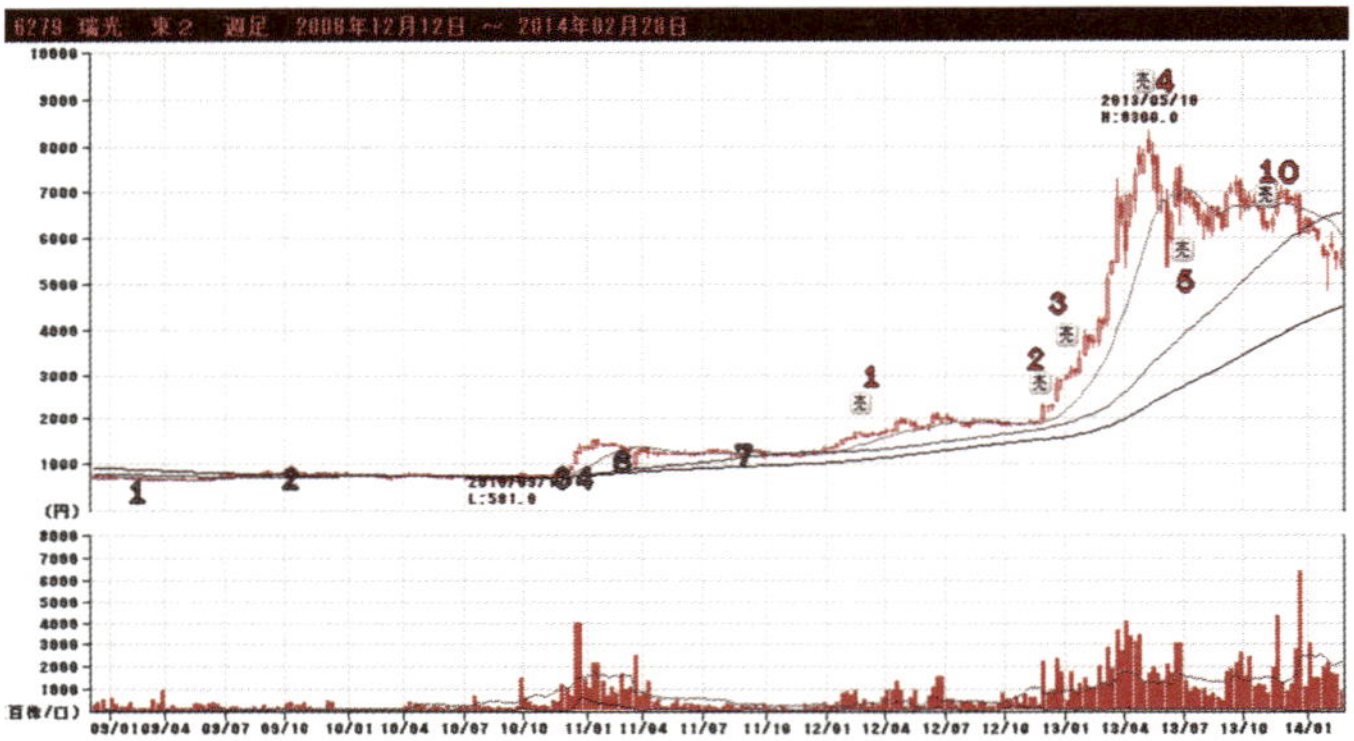

実際に私が売ったタイミング（⑥⑦⑧⑨は発生無しで終了）

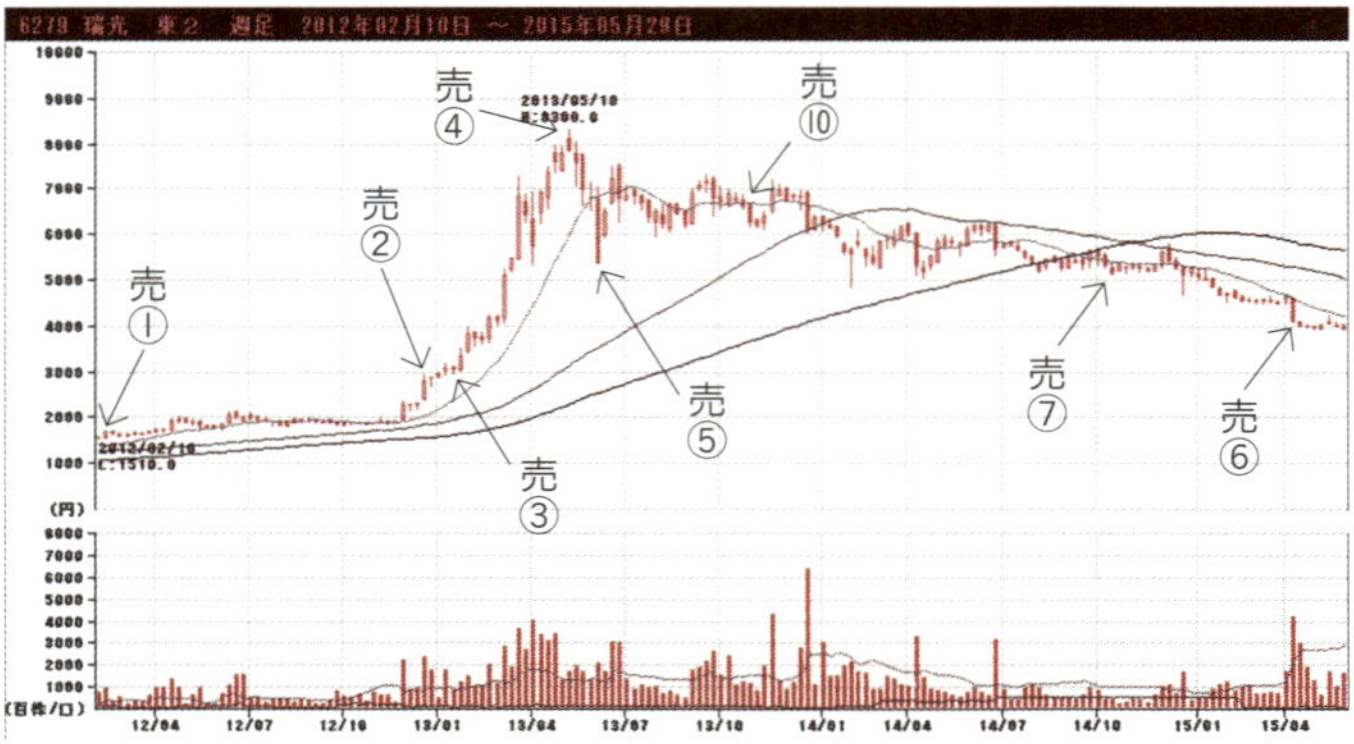

もし株を持っていたと仮定すると、⑦のチャートによる撤退売りサインが、減収減益の決算発表による⑥の売りサインに先行している。
一般的にファンダメンタルの悪化よりも先にテクニカルチャートが弱気に転じることが多いので、覚えておこう！

下の図4-12は、「瑞光」の⑤10倍株達成後に株価が13週移動平均線を下落優位のローソク足で割り込んだ時の売りタイミングの時点の週足チャートを拡大したものです。

図では、下落する力が100%の陰線で、最も強い売りの圧力が出現しています。この時点でこの企業の上昇トレンドは崩壊したと考えるのがいいでしょう。

よって、この時点で瑞光の経営者と会社の事業を心中してでも応援したいという気持ちになれなければ、保有株をすべて売り、きっちり利益を確保することを考えましょう。

❏ 4-12

前出の瑞光（週足）

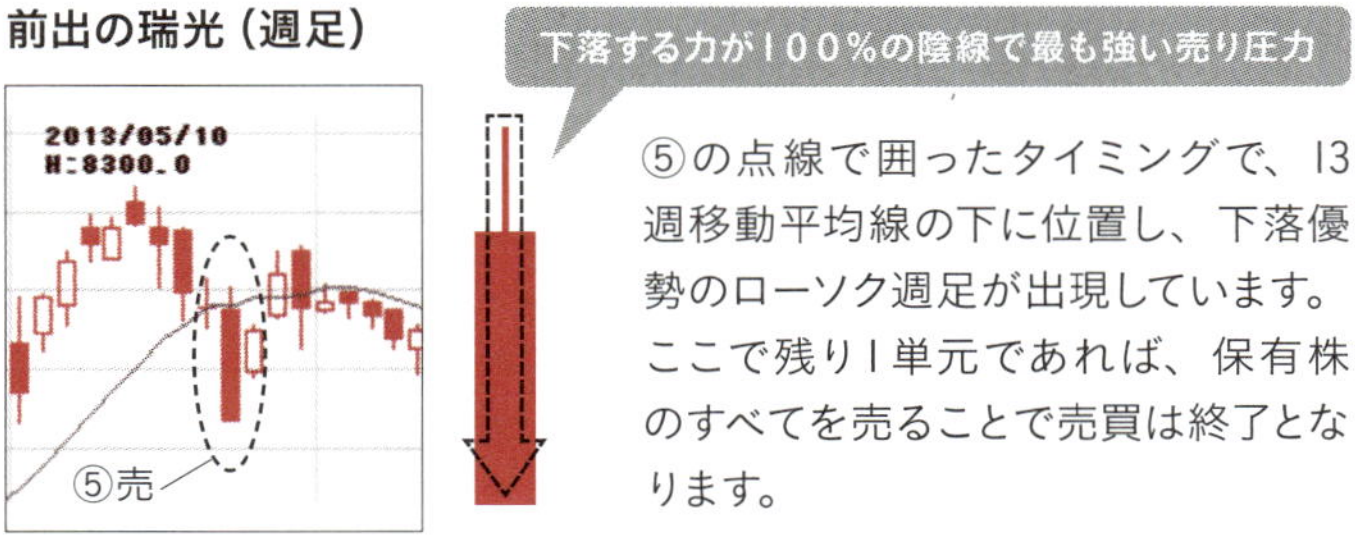

⑤の点線で囲ったタイミングで、13週移動平均線の下に位置し、下落優勢のローソク週足が出現しています。ここで残り1単元であれば、保有株のすべてを売ることで売買は終了となります。

トレンドの崩壊で利益確定は終了する

最低でも2銘柄、できれば5銘柄に分散しよう

ここまでは、買いと売りのタイミングを見てきました。これは、いくつかのタイミングに分けることで「時期の分散」につながっています。しかし、分散は時期の分散だけでは足りません。「銘柄の分散」も同じように重要です。

図4-13にある通り、**10銘柄くらいまでは個別銘柄のリスク分散の効果があり、銘柄を分散する有効性が確認されています。**一攫千金のギャンブル株取引なら分散する必要もありませんが、着実な株式投資の運用であれば、少なくとも最低2～5銘柄は分散をしてほしい。

最初の投資に成功し、資金が増え続けたなら、「集中投資 ＋ 超分散投資のハイブリッド投資」も可能なので、「目指せ！ 投資の軍資金1億円」を目標にがんばりましょう。1億円を超えると世界が変わり、本当の投資運用の世界が待っています。

❑ 4-13　保有銘柄数とリスク

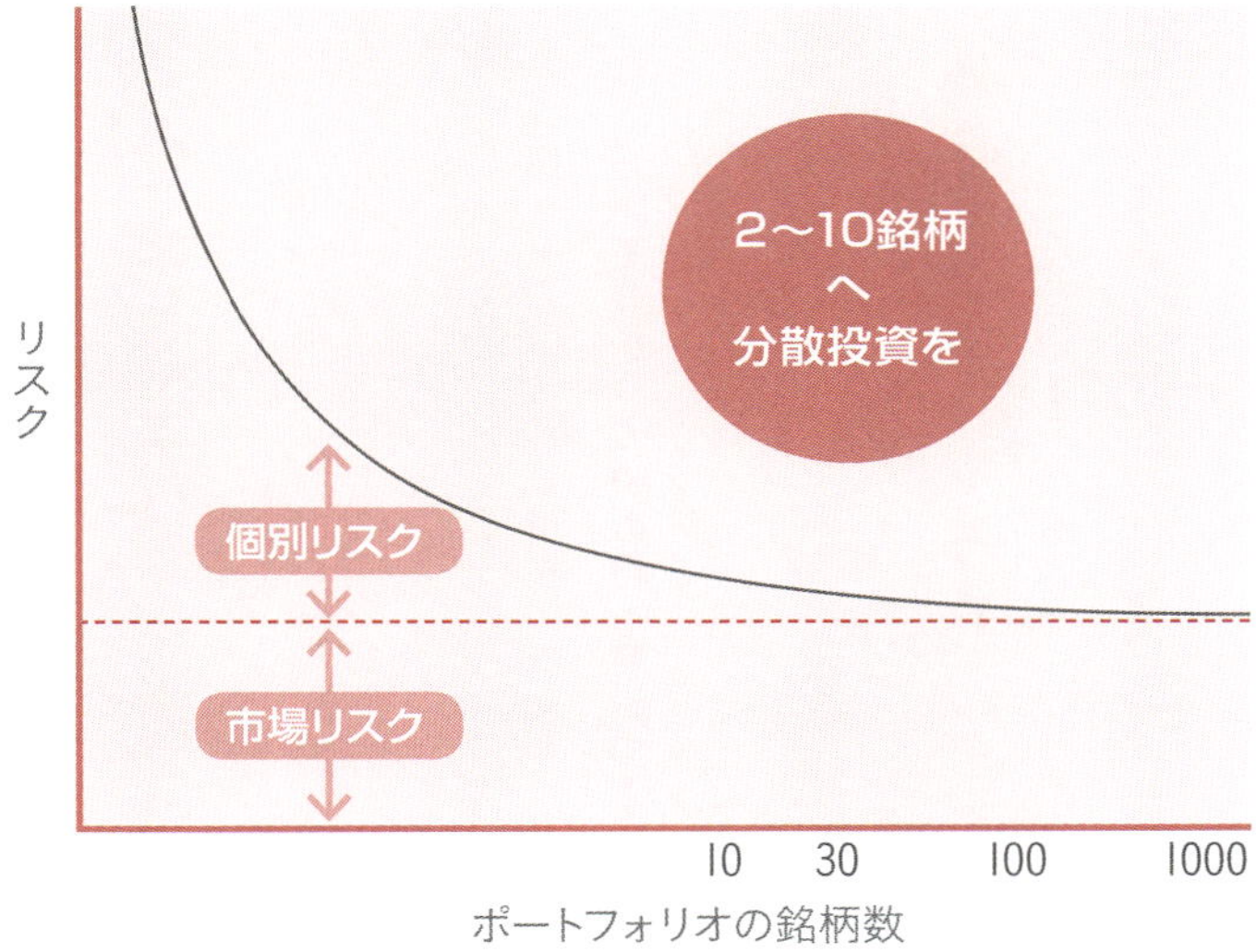

『卵は一つの籠に盛るな』

分散投資の代表的なことわざで、「卵は壊れやすいので、鶏小屋から卵を運んでくる際には、一つの籠にたくさん入れてはいけない」という教え。卵をお金に置き換えて、一つのものにまとめて投資するとリスクが高く、分散が大切ということです。

ハイブリッドの分散投資とは？

上位10%の銘柄に資金の半分、次の上位20%の銘柄に資金の4分の1、残りの下位70%の銘柄に資金の4分の1を投資する。これは、当てれば大きい集中投資のメリットと、万が一のリスクヘッジとなる50〜100銘柄程度への分散投資をかけ合わせて行うピーター・リンチに学んだ運用方法です。投資金が大きい人はぜひお試しください。

株で億万長者になりたい人がやるべき「たった1つ」のこと

それは、

不景気・その後の株式市場の低迷期・上げ相場の駆け出し時に株を買って、経済好調で浮かれている時・景気の雲行きが怪しくなり始めた時に株を売る。

たったこれだけ。
これを10年に一度のサイクルと心得、
慎重に時期と購入株を見定め、
実行したらひたすら忍耐強く「売買の好機」待ち、
好機が訪れたら、合理的に売買を実施する。
あとは長い年月をかけて、これを地味に繰り返すことが重要なのです。

中学の公民参考書でわかる景気の読み方

ここからは株投資を行うにあたり、あなたの投資に役立ててほしい情報を載せておきたいと思います。まず、中学校の公民の参考書に掲載されている教えを参考に、第1章にも関連のある景気の先行きを読む基本からお伝えしていきます。

現在の日本経済は、商品がよく売れ、生産が拡大し、企業の利潤が増えて経済活動が活発な状態（好景気、好況）でしょうか。反対に、経済活動が沈滞した状態（不景気、不況）でしょうか。

歴史を見ると好景気と不景気の時期は交互に繰り返されています。市場経済のもとでは、商品の消費量や生産量は、市場のはたらきによって社会全体としてある程度は調整されるものの、景気の変動を避けることは難しいと言われています。そのため、深刻な不況や行きすぎた好景気が私たちの生活に大きな影響をあたえることがあるのです。

そこで各国の政府は、さまざまな政策によって企業の生産や国民の消費を促進したり抑制したりしながら、物価の安定とともに景気を調整し、経済を安定させるための努力をしています。(『新中学校　公民』文部科学省検定済教科書、清水書院)

〈好景気・好況の特色〉

①商品がよく売れ、企業の利潤が高まる。

②企業は、利潤を設備投資や労働力の増強にまわして生産の規模を拡大→生産がさらにさかんになる。

③失業者が減り、労働者の賃金が上がって需要が多くなるが、それにともない物価も上がる。

〈不景気・不況の特色〉

①生産過剰から、商品の売れ残り(滞貨)が最大となる→商品の価格が下がり、企業の利潤がへる。

②企業は操業短縮・休業などで生産をおさえる。

③市場は資金不足となり、銀行も融資を引き締めるため、資金に困った企業の倒産がふえる→失業者の増大。
④労働者の賃金は上がらず、国民の購買力は低くなり、物価は下がりぎみとなる。
（『シグマベスト　くわしい公民　中学3年』、文英堂より）

これに対して、景気の調整のために次の事が実施されます。

〈景気の抑制〉
好景気も行きすぎると（景気の過熱）、インフレとなったり、その反動から恐慌がおこったりするので、以下の政策で景気を抑制することがあります。
①増税（増税によって民間の資金をすい上げる）
②財政支出のきりつめ（財政支出をできるだけ少なくし、民間に通貨が流れでるのを防ぐ）
③金融引き締め（日本銀行は通貨の供給をおさえ、企業の設備投資を少なくして、生産過剰になるのを防ぐ）

〈不景気対策〉

不景気のときには、景気のたて直しをはかることが必要となります。

①減税（減税によって、国民の購買力を強める）

②財政支出をふやす（公共事業をおこしたりして、需要をふやし、失業者に雇用の機会をあたえる）

③金融緩和政策（日本銀行は通貨の供給をふやし、企業の設備投資などに協力する）

（『シグマベスト　くわしい公民　中学3年』文英堂より）

そして、これを読めばなぜクリントン氏でなく、トランプ氏が大統領選に勝利したことで株が上がったかがおわかりになりますね。

要するにFRBが景気抑制の利上げ（③金融引き締め）をしても、不景気対策である①減税、②財政支出を大規模に実施しようとしているほうの期待が勝っているためです。中学生でもわかる経済の理屈だということを思い出していただければと思います。

相場サイクルの見分け方

相場のサイクルを読み解くうえで、非常に参考になった書籍があるので、ご紹介しておきます。それは、1990年に出版された『相場サイクルの見分け方』（浦上邦雄著）で、新装版がリリースされており、アナリストの吉野氏による11ページの解説により全体の把握もしやすくなったので、ぜひお読みいただけたらと思います。

ここでは、そこで私が非常に為になった部分をご紹介しておきます（該当箇所をつないでアレンジした部分もあるので、気になる方は原著にあたってほしい）。

・景気の下降局面では、企業の業績悪化が続くが、金利低下による業績回復期待から景気回復の期待が生まれ、株式市場は「不景気の株高」となる

・政策金利の引き上げや金融引き締めによる金利の上昇に伴い、金利低下局面で大きく上昇していた金融、不動産、公共サービス株の調整が拡大するとともに、先行きの景気減

速懸念から素材産業などの下落も拡大する事が多い。1989年5月に始まった金融引締めによって、日経平均の史上最高値をつけた未曾有のバブル相場の転機が訪れた

・一見、無秩序で予測が不可能と思われる株式相場も、長い目で見ると一定の特徴を持った4つの局面を繰り返している。1990年代半ば以降は、超低金利が常態化し、景気が循環的に回復しても勢いは弱く、07年の利上げ後まもなく株式市場が急落したため、逆金融相場が短く、このような4つの局面に明確に分類し難くなった面もあるが、いまなお示唆に富む株価市場の局面推移表である。

・日経平均が底入れから反騰に転ずるのは、金融引締めが解除されてからである。この時、世の中は不景気な話ばかりである。企業の倒産が多発し、合理化と人員整理が行われている。

・金利と企業収益の動向を見ると、これは明らかに金利が先行している。

・株価の最高値で売り逃げる事は難しい。予防的な措置とはいえ、最初の公定歩合の引き上げが行われた時点から、逆金融相場にそなえて、運用資金は限りなくキャッシュに近い短期の金融商品に切り替える事ができれば理想的である。

・逆業績相場では、株価が値下がりする以上に外部環境が暗くて業績が悪化し、先行きは悲観的になる。その結果、株価は底値に近付くほど、割高に見える。

以上、『相場サイクルの見分け方』を見てきましたが、**金利と景気循環を意識するだけで、大局観をもった株価推移がイメージできる**ように投資に取り組むのに参考にしてください。なぜなら、10倍を狙った個別株投資においても、このような相場サイクルや金利や財政政策を読み解いて、投資のタイミングを計ることが重要だからです。

4-14

	金利	業績	株価
金融相場	↓	↘	↑
(中間反落)	→	→	→
業績相場	↗	↑	↗
逆金融相場	↑	↗	↓
(中間反騰)	→	→	→
逆業績相場	↘	↓	↘

業績の上方修正は10倍株への近道？

業績の上方修正や大幅な増益などがあると、その株価の上昇に勢いが出てきます。さらに、その株の将来の成長力が多くの投資家に確信された時、期待値であるPERの許容上限が上がることで、その株価は爆発的な勢いで伸びていきます。

例が、私の6つ目の10倍株となった「ファンコミュニケーションズ（2461）」でした。その典型

もちろん、上方修正も織り込み済みであれば必ずしも上昇するとは断言はできません。しかし、ファンコミュニケーションズは、2013年だけでも3回の業績上方修正とそれにともなった配当の上方修正までセットで発表した事はサプライズでした。

さらに、私の重視する営業利益の修正率は3回共に20％を超えており、この内容を素直に反映して、株価は跳ねるようにテンバガーを達成したのです。

次ページ図4-15～17は、ファンコミュニケーションズが発表した上方修正のリリース内容と、それに伴って株価がどのように動いたのかを示す図です。

❏ 4-15　2461 ファンコミュニケーションズの業績上方修正

2013 年 1 月 15 日　上方修正

平成 24 年 12 月期通期連結業績予想数値の修正(平成 24 年 1 月 1 日〜平成 24 年 12 月 31 日)

	売上高	営業利益	経常利益	当期純利益	1 株当たり当期純利益
前回発表予想 (A)	12,781	1,801	1,855	1,389	147 円 68 銭
今回修正予想 (B)	14,480	2,245	2,303	1,645	174 円 90 銭
増減額 (B-A)	1,699	444	448	256	-
増減率 (%)	13.3%	24.7%	24.2%	18.4%	-
(ご参考) 前期実績 (平成 23 年 12 月期)	10,590	1,721	1,788	984	103 円 54 銭

2013 年 7 月 16 日　上方修正

(3) 通期 (平成 25 年 1 月 1 日〜平成 25 年 12 月 31 日

	売上高	営業利益	経常利益	当期純利益	1 株当たり当期純利益
前回発表 (A)	18,000	2,900	2,960	1,810	95 円 49 銭
今回修正 (B)	20,300	3,410	3,480	2,140	112 円 91 銭
増減額 (B-A)	2,300	510	520	330	-
増減率 (%)	12.8%	17.6%	17.6%	18.2%	-
(ご参考) 前期実績 (平成 24 年 12 月期)	14,482	2,245	2,304	1,639	86 円 47 銭

(注) 前回予想及び前期実績の1株当たり当期純利益については、第2四半期累計期間末の発行済み株式数を基に遡及修正して算定しております。

2013 年 12 月 16 日　上方修正

1. 平成 25 年 12 月期通期連結業績予想の修正等
(1) 通期 (平成 25 年 1 月 1 日〜平成 25 年 12 月 31 日)

	売上高	営業利益	経常利益	当期純利益	1 株当たり当期純利益
前回発表 (A)	20,300	3,410	3,480	2,140	56 円 46 銭
今回修正 (B)	22,700	4,100	4,170	2,580	68 円 03 銭
増減額 (B-A)	2,400	690	690	440	-
増減率 (%)	11.8%	20.2%	20.6%	20.6%	-
(ご参考) 前期実績 (平成 24 年 12 月期)	14,482	2,245	2,304	1,639	43 円 23 銭

(注) 当社は平成 25 年 1 月 1 日付で普通株式 1 株につき 100 株、平成 25 年 5 月 1 日付で普通株式 1 株につき 2 株、平成 25 年 10 月 1 日付で普通株式 1 株につき 2 株の株式分割を行っております。前回予想及び前期実績の 1 株当たり当期純利益については、株式分割考慮後の期中平均株式数を基に遡及修正して算定しております。

ファンコミュニケーションズ　IR リリースより抜粋

❏ 4-16　2461 ファンコミュニケーションズの上方修正（参照：配当）

2013 年 1 月 18 日　上方修正

1．配当予想修正の理由

平成 24 年 12 月期通期連結業績予想が前回予想数値を上回る見込みとなったことにより、当初 1 株当たりの期末配当金を 2,400 円と発表しておりましたが、今回 2,900 円と修正させていただきます。

2．配当予想修正

	1 株当たり配当金				
（基準日）	第 1 四半期末	第 2 四半期末	第 3 四半期末	期　末	年　間
前回予想 （平成 24 年 11 月 8 日発表）	−	0 円	−	2,400 円	2,400 円
今回修正予想	−	0 円	−	2,900 円	2,900 円
当期実績	−	0 円	−	−	−
前期実績 （平成 23 年 12 月期）	−	0 円	−	2,200 円	2,200 円

2013 年 7 月 16 日　上方修正

2．配当予想修正

	1 株当たり配当金				
（基準日）	第 1 四半期末	第 2 四半期末	第 3 四半期末	期　末	年　間
前回予想 （平成 25 年 5 月 8 日発表）	−	0 円	−	19 円	19 円
今回修正予想	−	0 円	−	22 円	22 円
当期実績	−	0 円	−	−	−
前期実績 （平成 24 年 12 月期）	−	0 円	−	2,900 円	2,900 円

2013 年 12 月 16 日　上方修正

2．配当予想修正

	1 株当たり配当金				
（基準日）	第 1 四半期末	第 2 四半期末	第 3 四半期末	期　末	年　間
前回予想 （平成 25 年 11 月 8 日発表）	−	0 円	−	11 円	11 円
今回修正予想	−	0 円	−	14 円	14 円
当期実績	−	0 円	−	−	−
前期実績 （平成 24 年 12 月期）	−	0 円	−	2,900 円	2,900 円

ファンコミュニケーションズ　IR リリースより抜粋

❏ 4-17 上方修正の連発で急騰した、2461 ファンコミュニケーションズ

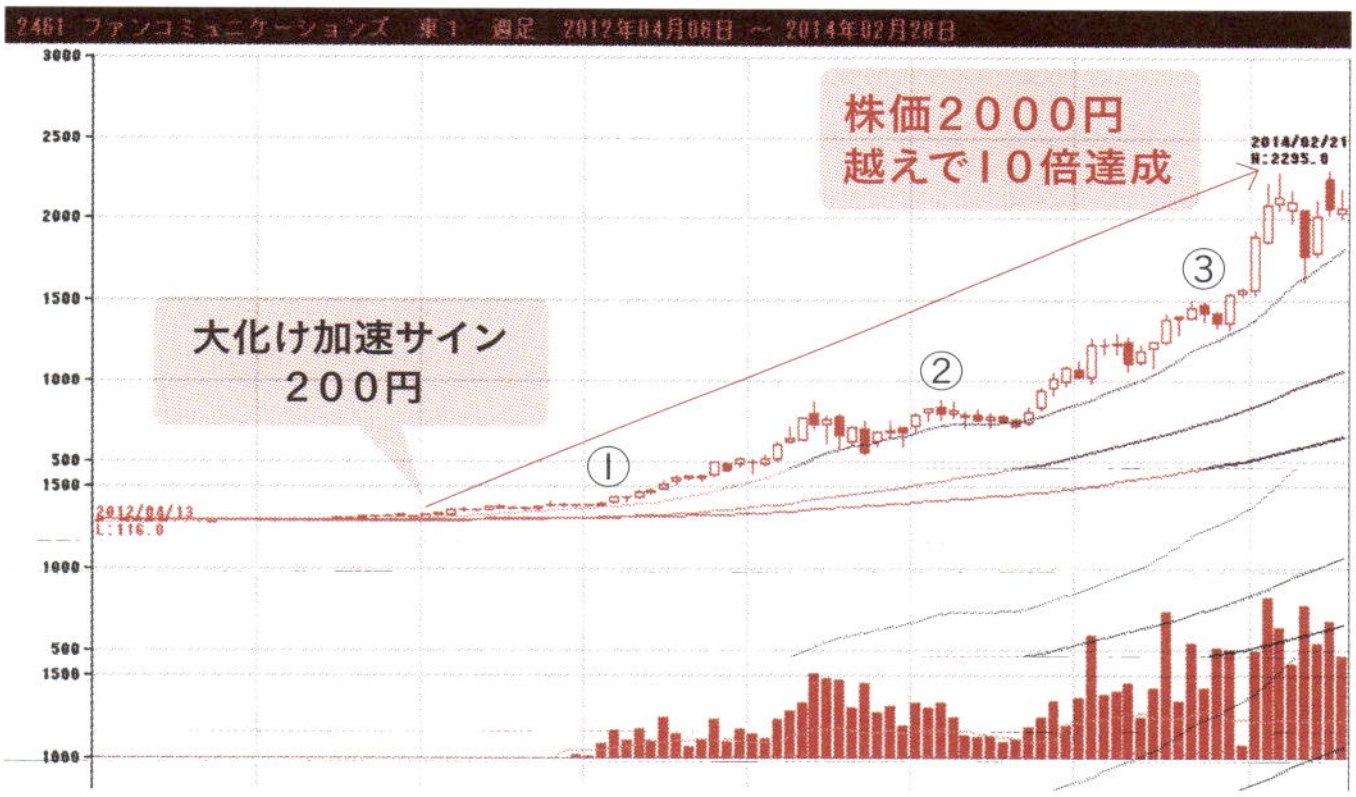

＜上方修正の履歴＞

① 2013 年 1 月 15 日

12 年 12 月期の売上高を 13.3%営利 24.7% up

② 2013 年 7 月 16 日

13 年 12 月期の売上高を 17.9%営利 28.2% up

③ 2013 年 12 月 16 日

13 年 12 月期の売上高を 11.8%営利 20.2% up

伸びしろの大きな成長力と
業績の予想以上の勢いで株価は急騰する

ファンコミュニケーションズは2013年に20％以上の上方修正を3度も行いました。その株価は2×2×2で8倍前後にはなる可能性がありました。そして、実際には1回目の上方修正（株価は500円）から株価は8倍に、大化け加速サインの200円からは見事10倍に上昇しました。

なぜでしょうか？ 答えは簡単です。業績が上方修正されることで、利益が上がり、投資家の成長期待が高まるからです。それを具体的に示すには株価の構造を把握する必要があります。

「株価 ＝ 1株利益（EPS）×PER」であることは投資家のみなさんはご存知ですよね。では、例えば、ここにEPSが100円の安定成長のA社があったとし、成長性を加味しないということで妥当PERを15倍としましょう。この時点で、100×15で株価は1500円です。

そして、このA社は上方修正を発表し、EPSが120円に、そして成長性を加味し、今後3年程度はこの20％の成長力を維持できると考えて妥当PERを26倍にします。（毎年20％の成長ですので、1.2の3乗にベースのPER15をかけるとPER26倍になります）。そうすると、株価＝120×26＝3120円と約2倍に化けるのです。

偉大な成長株・大化け株投資家の知恵

私が大きな影響を受けた誰もが知る偉大な投資家の知恵を最後に載せておきますので、時々見返していただき、投資の糧にしてください。

フィリップ・フィッシャー

その企業は、少なくともあと5～6年の間、企業全体の売上げを伸ばすに十分な市場が見込める製品またはサービスを有しているか。必ずしも毎年伸びていなくてもいいので、数年単位で成長していればいいのである

（※景気拡大期は2～3年、後退期は1～2年、合計3～5年で1回転というのが平均的な景気循環の周期だと言われています。）

同業他社の平均を大きく上回る売り上げと利益の伸びを何年も維持できる特別な企業を探し当てる事で最も大きな利益をあげることができる

格別に大きな利益をもたらしてくれる可能性があるのは、新興企業の成長株。こうした企業の中には、10年間で何十倍にも株価が膨れ上がるものもある

企業情報を手っ取り早く手に入れる場として業界団体の展示会がある。関連企業が一堂に会してだれもが喜んで話をしてくれる。これを活用しない手はないだろう

重要なのは、経営者が大きな成長を続けていこうとする決意を持ち、目標達成に向けて自らのプランを実行する力を備えているかどうか

PERが高いからといって、将来の収益の伸びが株価に織り込まれていると決めてかかってはならない

ピーター・リンチ

少し意識的に自分の仕事や近所の商店街などで起こっていることをみるだけで、市場が気付くより前にすごい銘柄を見つけることができる

競争の激しい複雑な産業のなかの優秀な経営陣を抱えた優良会社と、単純だが競争のない産業の中の平凡な経営陣を抱えた面白みのない会社とのどちらかの選択を迫られたらならば、私は後者に投資するだろう。そして、「どんな馬鹿でも経営できる」というのは、私が夢見る完璧な会社を示す特性の一つである

投資対象の選別に当たって最も重要な13項目。

「面白みのない、または馬鹿げている社名」、「変わり映えしない業容」、

「感心しない業種」、「分離独立した会社」

「機関投資家が保有せず、アナリストがフォローしない会社」

「悪い噂の出ている会社」、「気の滅入る会社」

「無成長あるいは低成長産業」、

（急成長株が急成長産業の中にあるとは限らない。

むしろ、マイナスの成長産業には競争相手が大挙参入することはない。）

「独占的なニッチ産業」、

（独占的な商売につけば、価格決定権を握る事ができる）

「買い続けなければならない商品の会社」、「テクノロジーを使う側であること」

「インサイダーたちが買う株」、「自社株買い」から大化け株が出てくる

少なくとも新しい冷蔵庫を選ぶのと同じ程度の時間と努力を、新しく投資する株を選ぶ際にも費やさなければならない

女の子すべてにキスをする必要はない。私も10倍株（テンバガー）を結構たくさん逃しているが、そうかといって市場平均を上回る成果をあげられないということはないのである

ウォーレン・バフェット

成功で大事な事はＩＱでなく、合理性だ

ものごとを単純にすることを原則としている

投資家に必要な数学は、足し算、引き算、掛け算、割り算と百分比や確率だけ

投資をする際には一定のリスクを負わなければならない。未来はいつだって不確実だ

どんな場合でも損を出さない事を考える

並外れたことをしなくても並外れた業績を達成する事はできる

成功とは、要するに毎日自分の好きな事をすることを意味する。好きな人と一緒に何かをし、好きでない人々とは席を同じにしないで済むことだ。成功とは望んだものを手に入れることで、幸福とは手に入れたものを楽しむことだ

知性、エネルギー、誠実さ。最後が欠けると、前の二つは全く意味がないものになる

愚かさに参加するのではなく、愚かさから利益を得る人々の一員になれ

株式市場は短期的には投票の為の装置で、長期的には価値を測るための装置である

10年持ち続ける覚悟がないなら買わないほうがいい。持っている株の値段が50%下落してもパニックに陥らないこと。そういうときこそ、ありがたく買うことである

投資の世界で最も難しいことは、忍耐である

相場が安くなる理由は、悲観。それがつくる株価が好ましく、楽観は買い手の敵

同じ行動をとるにしても、賢者は最初に動き、愚か者は最後に動く

ビジネスで最も危険な言葉は他の誰もがやっている（Everybody else is doing it）だ

他人が貪欲になっている時には恐る恐る、周りが怖がっている時は貪欲に

まずまずの企業を激安で買うより、素晴らしい企業をまずまずの価格で買う方が良い

決断というのは「せーの」でプールに飛び込むようなもの。ひとたびチャンスが到来したら、すべての時間を費やし、その時だけはガンガンやる。分散投資理論の本を読むヒマなんてあるワケない。相手のビジネス内容が十分理解できて、投資判断の材料もあり、しかも株価が割安で、経営者も優秀ならば、迷わず買いに入るのさ

我社は海外展開をしてないが、最大投資先であるコカコーラは国際企業で、我々はそこに便乗し、私が寝ている間も、同社の重役が世界中を飛び回っているのだよ

過去の業績が素晴らしくても、変化に対応しなければ、待ち受けるのは破綻である

人々がよく言う『好きでもないけど、あと十年はこの仕事を続けて、そのあとで本当に自分がやりたかったことを』というセリフ。これは老後の楽しみのために、セックスを控えるようなもの。バカげた話だ。好きな事に夢中で取り組みなさい。自ずと良い結果は出る。失敗するわけがない。大事なのは、自分が好きな事をとびきり上手にやることだ。お金はその副産物にすぎない

投資の世界には見送り三振がない。好きな球が来るまでいつまでも待つことが出来る

金利が上がると、すべての投資の価格は下向きで調整せざるを得ない。財務評価に与える金利の影響は物質に対する重力の影響と同じだ

(2008年の)金融危機時に我々は貸し手になれた

ビジネスマンだからいい投資家でいられれ、投資家だからいいビジネスマンでいられる

付録

これから大化け期待の注目テーマ株25

昨年、一昨年と著書やブログで紹介したＡＩ関連などはほとんど割高になっていて、今回は紹介ができませんでした。現状、ＡＩの代表銘柄と思われるようなものには手を出さないほうが無難かもしれません。

一方で、1月初旬に米ラスベガスで行われた世界最大の家電見本市ＣＥＳの主役はＡＩと自動車になっており、このテーマは今後まだまだ続くことは間違いなく、連想ＡＩ銘柄やＡＩを活用して収益性を高めそうなサービス企業を今後は狙っていくことも重要になってくるのではないでしょうか。

また、現在のファンダメンタルからは成長株としての割安度はパッとしませんが、それでもカジノ関連銘柄を2銘柄掲載しました。カジノの運営者はうまくいけば巨万の粗利を手にできるビジネスで、さらには世界の大手が日本の会社の株を買いに入るなどを想定しており、今後の数値が良くなっていくと考えているためです。

なお、近著『インド＋親日アジア市場で化ける日本株１００』掲載銘柄は除いていいます。こちらも10年目線で超需要なテーマですので、ご参照いただけますと幸いです。

❏ 付録　これから大化け期待のテーマ株 25　その1

銘柄名	テーマ	特色	総合割安度
インフォコム	遠隔医療など医療IoT、電子書籍	システム開発とネット配信の２本柱。電子書籍首位級。	0.73
サイバーエージェント	SNS、動画広告市場拡大、アドテク	ネット広告首位。スマホサービス、ゲーム、動画配信アプリ展開	0.88
大和ハウス工業	スマートハウス、セブンドリーマーズ、IPO	戸建て住宅からマンション・賃貸・商業・事業施設建築	1.08
ラック	IoT分野のセキュリティ技術研究	情報セキュリティ技術に強い。１４年ＫＤＤＩと資本提携	1.08
イーレックス	ロボットフードとしての需要急伸	代理店通じた電力小売り	1.10
串カツ田中	ハワイ、日本食のグローバル化	『串カツ田中』の単一ブランドで関東圏中心から全国へ展開	1.33
ハイデイ日高	ちょい飲み、関東外の伸びしろ	中華料理とつまみの『中華食堂日高屋』主力	1.35
はてな	正社員の副業後押し	『はてなブログ』で広告獲得。企業向けシステム、コンテンツ提供も	1.61
イー・ガーディアン	VR酔い対策、IoT	ＳＮＳ等の目視監視や運用支援が主力	1.67
扶桑化学工業	ナノテク、半導体	リンゴ酸は世界シェア５割。ウエハ研磨剤原料でも大手	1.70
PCIホールディングス	IoT、車のIT化、半導体	自動車、家電などの組み込みソフト開発が主力	1.73
平河ヒューテック	電力、通信増時代のインフラ	電線やネットワーク機器、光中継システムメーカー	1.80
パイロットコーポレーション	日本文具の海外人気	筆記具首位。ボールペン主力	1.95

❑ 付録　これから大化け期待のテーマ株25　その2

銘柄名	テーマ	特色	総合割安度
HOYA	デジタル社会の眼科ビジネス拡大	眼鏡レンズ、半導体用マスク基板に強い	2.03
シーティーエス	ブルーカラーのＩＣＴ進展、東京五輪	建設ＩＣＴの専門会社。	2.32
ハーツユナイテッドグループ	ＡＩ、ビルゲイツ	ゲームソフトの不具合検出（デバッグ）主力	2.54
ベネフィット・ワン	福利厚生のアウトソース	官公庁や企業の福利厚生業務の運営代行サービス	2.58
参天製薬	デジタル社会の眼科ビジネス拡大	眼科用医薬品首位	3.07
インタースペース	正社員の副業後押し	アフィリエイト（成果報酬）型広告『アクセストレード』運営	3.23
ＬＩＴＡＬＩＣＯ	児童向けプログラミング	障害者の就労支援が中核。発達障害の児童を対象にした支援事業	3.54
イトクロ	少子化教育熱	教育関連で国内首位の口コミポータルサイト	4.42
テルモ	グローバル的な高齢化	医療機器大手。カテーテルなど心臓血管領域に強み	4,47
ＭＲＴ	東大医学部ネットワーク	インターネットを介した非常勤医師の紹介サイト主力	5.53
ユニバーサルエンターテインメント	カジノ	カジノ『オカダ　マニラ』をフィリピンで16年12月下旬開業	10.88
セガサミーホールディングス	カジノ	パチスロ大手、ゲームソフトやアミューズメント機器・施設運営	14.76

※「総合割安度」の値の根拠は、第２章を参照

参考・引用文献

（財務）会社四季報オンライン：https://shikiho.jp/

（チャート）楽天証券マーケットスピード：http://marketspeed.jp/

（理論）朝香友博

『10倍株で勝つ』２０１３年

『まずは2倍株で勝つ』２０１４年

『朝香式・投資3原則』２０１５年

『大化け株サイクル投資術』２０１６年

『インド＋親日アジアで化ける日本株１００』２０１７年（以上アールズ出版）

（世間の全体市場の見方を把握する資料）

「ダイヤモンド・ザイ」２０１７年2月号、ダイヤモンド社

「日経マネー」２０１７年2月号、日経ＢＰ社

おわりに

この正月に『小さな会社の稼ぐ技術』(日経BP)という良書を読みました。この本で語られていた戦略の4大ポイントは、10倍成長株の発掘に有益だなあと感じましたので、ご紹介させていただきます(詳細は原著をお読みください)。

「小さな会社の戦略」4大ポイント

①人と同じはかなりやばい……差別化→弱者は、「面倒くさい系」で勝負する

②人は1位は覚えるが、2位以下は覚えない……小さな1位→弱者は、小規模1位、部分1位。何かで1位を目指す

③「強者」は何でもやる。「弱者」は1つに絞る……一点集中→弱者は、商品・地域・客層を極限まで絞り込む

④常に相手の上をいく作戦を考える……接近戦→弱者はエンドユーザーに直接、アナログ営業する

これまで獲得してきた10倍株に通じるものがあると感じました。例えば、当時のモノタロウは消費者向けのＥＣが普及していた中で、工場や産業向けＥＣに特化した１位企業でしたし、アドウェイズはまだネット全盛期の時にモバイル広告1位企業として、業界の中では「キラリ」と光る金の卵だったのです。

わたしたち投資家にも同じことが言えるかもしれません。わたしも最初に投資したのは1銘柄（処女作で書いたように、すぐに2倍になって、その後9割下落を経験）でしたし、再度学んで臨んだ２００３年の投資ではモバイル株と銀行株に集中投資をしました。今でこそ常時２００銘柄くらいを扱うようになっていますが、私も最初は小さく始まったのです。同様に、本書がみなさまの小さな挑戦に大きな果実をもたらすことを願ってやみません。

そして本書を通じて、日本の成長企業を応援する個人投資家の活気ある「お金」が、ベンチャー企業をますます発展させ、日本経済を押し上げていくことに貢献できたらこれ以上の喜びはありません。

最後に、末文までお読みくださった読者の方に深く感謝申し上げ、筆をおかせて頂きます。ありがとうございました！

【著者略歴】
朝香友博（あさか・ともひろ）
産業・成長企業アナリスト／投資家。立教大学法学部卒業後、「未来トレンドの先読み」のために国会議員秘書、上海交通大学留学を経験。その後、産業の未来を創る国際見本市に触れ、米国の産業 PR 会社に入社。入社 2 年目の 2005 年、当時テーマ株として IPO で株式市場を賑わせていた「モバイル企業」にヒントを得て、日本初のモバイルマーケティング展示会の立ち上げに成功。営業でも IR や決算書情報を全面的に活用し、米・欧・アジアの全社員で売上 1 位を達成。アジア最大級の国際展示会・会議のトップに抜擢され、セールスディレクターに昇進。その後、インド株投資家としてブルームバーグにも紹介され、友人とファンド設立。さらに、サブプライムショックによる株価急落と景気悪化を見て、大手企業を顧客に抱えるチャンスと考え、IT マーケティング会社を創業。不景気の中、上場優良企業を顧客に抱えるベンチャーに急成長させた。しかし、健康不良を理由に社長退任。夢を失いかけた失望の日々を過ごす。その際に始めた株ブログが再び注目され、書籍を執筆するきっかけとなる。現在は株式市場と産業支援の投資家として活動中。投資ブロマガランキング 1 位を獲得したブログ「『大化け株投資』のすすめ」を主宰。見本市を中心に累計 2000 社の市場開拓支援・投資を行ってきた経験を活かし、次々と成長株を発掘。独自の法則で 30 倍、20 倍を含め 10 の 10 倍株をヒットさせた実績を持つ。著書に『[テンバガー] 10 倍株で勝つ』『大化け株サイクル投資術』（すべてアールズ出版）などがある。

『大化け株投資』のすすめ http://obakekabu.net（「大化け株」で検索）
コンタクト：tomohiroasaka2020@gmail.com

いま仕込《しこ》んでおくべき10倍株《ばいかぶ》、教《おし》えます！

2017 年 2 月 21 日　初版発行
2017 年 3 月 7 日　第 3 刷発行

発行　**株式会社クロスメディア・パブリッシング**
発行者　小早川 幸一郎
〒 151-0051　東京都渋谷区千駄ヶ谷 4-20-3 東栄神宮外苑ビル
http://www.cm-publishing.co.jp

発売　**株式会社インプレス**
〒 101-0051　東京都千代田区神田神保町一丁目 105 番地
TEL（03）6837-4635（出版営業統括部）

■本の内容に関するお問い合わせ先 ……… クロスメディア・パブリッシング
TEL（03）5413-3140 ／ FAX（03）5413-3141

■乱丁本・落丁本のお取り替えに関するお問い合わせ先 ……… インプレス　カスタマーセンター
TEL（03）6837-5016 ／ FAX（03）6837-5023 ／ info@impress.co.jp

乱丁本・落丁本はお手数ですがインプレスカスタマーセンターまでお送りください。送料弊社負担にてお取り替えさせていただきます。但し、古書店で購入されたものについてはお取り替えできません。

■書店／販売店のご注文受付 ……… インプレス　受注センター
TEL（048）449-8040 ／ FAX（048）449-8041

カバーデザイン　萩原弦一郎（ISSHIKI）
本文デザイン　安賀裕子（cmD）
印刷・製本　中央精版印刷株式会社
ISBN 978-4-295-40056-1 C2033